日程等変更のお知らせ

20年8月開催から延期となり、2022年1
本書P150〜151に記載されている開催概
最新の情報につきましては公式サイトをご確認く
要が変更となります。また
ださい。

第6回　新選組検定

●主催　新選組検定実行委員会
●企画・運営　日販セグモ株式会社
●後援　日野市・日野市観光協会
●特別協力　株式会社世界文化社
●問題監修　菊地　明
●開催日　2022年1月23日（日）
●申込締切　2021年12月6日（月）
●開催エリア　東京会場＋オンラインでも同時開催
※受験会場は受験票にてご案内いたします

●実施級・受験料（税込）

【会場検定・通常料金】

4級（隊士）	3900円
3級（組長）	5200円
2級（副長）	5900円
1級（局長）	7900円

※オンライン検定は会場検定受験料から500円引きとなります

公式サイト　https://www.kentei-uketsuke.com/shinsen-gumi/

※こちらに掲載されている情報は2021年9月16日現在の情報となります。諸事情により予告なしに変更となることがあります。予めご了承ください。最新の情報につきましては公式サイトをご確認ください。

最新版

新選組検定

公式ガイドブック

菊地 明

世界文化社

新選組検定 公式ガイドブック

目次

伏見奉行所跡

第四章 過去問に挑戦 128

よしや身は蝦夷の島辺に朽ちぬとも
　魂は東の君やまもらむ
鉾とりて月見るごとにおもふ哉
　あすはかばねの上に照かと

土方歳三―辞世の句

孤軍　援け絶えて俘囚となり君恩を顧念して　涙　更流る
一片の丹衷　よく節に殉じ睢陽は千古　これわが儔
他に靡きて今日また何をか言はむ
義を取り生を捨つるは　わが尊ぶところ
快く受く　電光三尺の剣
ただ　まさに一死をもって君恩に報いむ

近藤 勇―辞世の句

第一章

新選組の生きざま

第一部

士道を貫く

新選組結成から近藤の死まで

天然理心流道場「試衛館」につどう男たちは、
武士になることを夢見て上京し、
京都にとどまり、「壬生浪士組」を結成する。
攘夷という思想が生み出した「新選組」は、
幕末維新という時代に異彩を放つものの、
虚しい最期を迎えることになる。
剣を信じて生きた新選組局長の近藤勇は、
剣を振るった生きざまに終止符を打つ。

ストーリー① 武士への道

幕臣になることを夢みて上京した試衛館の近藤グループ

浪士組の成立

文久三年（一八六三）二月十三日、第十四代将軍徳川家茂は京都へと出立する。嘉永六年（一八五三）の黒船来航以来、かたくなに攘夷を主張する朝廷と、それが非現実的であることを知る幕府とのあいだには、深い溝が生じていた。これを改善して公武合体を実現するためには、将軍の上洛は必須だった。

しかし、当時の京都の治安は悪化しており、文久二年四月には薩摩藩の攘夷過激派が、上意を受けた藩士と斬り合う「寺田屋騒動」があり、七月になると親幕派の個人を対象とした反幕派による「天誅」が行われるようになり、これが続発していた。

将軍上洛を前に幕府は苦慮していたが、そこへもたらされたのが「浪士組」結成の献言である。関東を中心に浪士を募集し、その一団を将軍の上洛に先立って京都へ送り込み、過激派を取り締まらせるというものだった。この計画の首謀者が、庄内浪士で攘夷過激派の清河八郎だった。「新選組」誕生の鍵を握っていた人物だ。

同志とともに攘夷活動を行っていた清河は、万延元年（一八六〇）十二月に米国公使通弁官のヒュースケンを暗殺し、さらに横浜の外国人居留地の襲撃を計画した。しかし、動きを察知した幕府は彼らの捕縛を命じる。清河は江戸を脱するが、同志たちは捕らわれてしまう。

諸国を潜行していた清河が動いたのは、文久二年八月のことだった。同志で旗本の山岡鉄太郎（鉄舟）の協力を得ると、講武所剣術教授方の松平主税助（忠敏）を通じて、九月に「浪士鎮定の策」として幕府に献言させたのだった。

これが浪士組結成の第一歩である。

次いで十一月には、攘夷の断行、大赦、英材の採用を訴える「急務三策」の献策にも成功する。これは大赦を行って人材を採用すべきという主張であり、逃亡犯である自分自身や、獄中にある同志たちを解放させることが目的だった。

浪士組の結成とともに、大赦の実行も十二月に採用され、清河と同志たちは自由を獲得するのである。もちろん、大赦の恩恵を受けたのは彼らのみではなく、水戸藩の獄に繋がれていた下村継次もその一人だった。のちの芹沢鴨だ。

浪士組へ加盟した試衛館のメンバー

江戸市谷甲良屋敷（東京都新宿区市谷柳町）に「試衛館」という天然理心流を教授する道場があった。近隣に住んでいた御家人の三男で、試衛館に学び、のちに新選組隊士となった近藤芳助は「かなり立派の道場」（『新撰組往事実戦談書』）だったと記録している。

天然理心流とは剣術のほか、柔術・棒術なども含む総合武術だ。開祖は遠江国（静岡県西部）の浪人だった近藤内蔵之助という。内蔵之助の生年は不明だが、諸国を遊歴して剣術の修行を重ね、天真正伝神道流を発展させて天然理心流を創始したという。やがて江戸両国薬研堀町（東京都中央区東日本橋）に道場を開き、武蔵国多摩方面へも出稽古を行い、天然理心流を広めたとされる。

文化四年（一八〇七）に内蔵之助が死亡すると、武州多摩郡戸吹村（八王子市戸吹町）の名主である坂本戸右衛門の長男が近藤三助と称して二代目宗家を継ぐ。三助は自宅に道場を開き、周辺各地に足を運んで天然理心流を普及させたが、文政二年（一八一九）に出稽古先で病死した。

その数年後に三代目を継いだのが、多摩郡小山村（町田市小山町）の名主である島崎休右衛門の三男で、寛政四年（一七九二）生まれの関五郎である。関五郎は近藤周平と名前を改めて自宅に道場を設けていたが、天保十年（一八三九）に甲良屋敷に試衛館を開き、次いで周助と改名した。

周助も多摩方面で出稽古を行っており、のちに新選組のよき理解者となる日野宿（日野市）名主の佐藤彦五郎や、小野路村（町田市小野路町）名主の小島鹿之助も門人となっている。また、上石原村（調布市上石原）で農業を営む宮川家への出稽古で三男の勝五郎と出会い、前年に入門したばかりの勝五郎を、その将来性を見込んで嘉永二年に養子として迎えた。これがのちの近藤勇（こんどういさみ）である。

七十歳となった文久元年八月、周助は四谷船板横丁（東京都新宿区舟町）に隠居して周斎と名乗り、勇が四代目宗家として試衛館を経営することとなる。浪士募集の報が試衛館に届けられたのは、その翌年の十二月のことだった。

当時、近藤勇の門人には、子供のころから内弟子となっていた沖田総司（おきたそうじ）、近藤との立ち会いに敗れて弟子となった山南敬助（さんなんけいすけ）、出稽古先の日野の住人である土方歳三（ひじかたとしぞう）・井上源三郎（いのうえげんざぶろう）らのほか、他流派の遣い手である松前脱藩の永倉新八（ながくらしんぱち）、江戸浪人の藤堂平助（とうどうへいすけ）、伊予松山脱藩の原田左之助（はらださのすけ）も出入りしていた。

また、直前までは御家人の次男である斎藤一（さいとうはじめ）もいたようだが、この十二月に些細なことから人を殺めて（あや）しまい、京都の知人を頼って江戸を出奔していた。

彼らは幕府が浪士を募集すると知って、永倉新八が「このたび公儀（幕府）において広く天下の志士を募り、攘夷の手段を尽くすと聞き及んだ。（中略）もし事実であるなら進んで吾らも一味となり、日頃の鬱憤を晴らそうではござらぬか」（『新選組奮戦記』）と述べるように、ただちに浪士組加盟を決断するのだった。彼らも「尽忠報国（じんちゅうほうこく）」の志に満ちていたのである。

当時、攘夷は特別なことではなく、ごく一般的な認識だった。ただ、問題は攘夷戦を行う主体の所在にあった。従来ならば幕府が諸藩に号令するのが当然だったが、これには反対論があった。それは幕府制度を改革して徳川家も一つの藩となり、諸藩が朝廷のもとに結束し、そして攘夷戦に臨むというものだ。つまり、倒幕であり、天皇親政の王政復古論である。

前者を支持するのが親幕派であり、後者を求めるのが反幕派である。ともに「尊王攘夷」を掲げながら対立するのは、この立場の相違があったためだ。幕府が立ち上がったことに共鳴し、浪士組への加盟を決断した試衛館のメンバーが、親幕派だったことはいうまでもない。

浪士組の上京

年が明けた文久三年二月四日と五日の両日、浪士組加盟希望者は小石川の伝通院（でんづういん）の支院である処静院の学寮の大信寮に招集されるのだが、その総数は二百三十余人にのぼった。彼らはこのときに隊の編制と、道中と滞京中の規約の申し渡しを受けている。

また、浪士たちには手当金十両の半額である五両が支給されているが、これは道中の食事と宿は幕府が手配するものの、それ以外の支出を賄うためのものだった。

かつては、幕府は五十人程度の加盟を見込んでおり、手当金として一人五十両、合計二千五百両の予算を組んでいたが、その五倍もの人数であったため、急遽、十両に減額したのだとされていた。しかし、坂本龍馬は勝海舟の話として、手当が「二人不知（扶持）に金十両」（『雄魂姓名録』）であることを一月中に記録しているので、手当金が十両であったことは間違いない。

浪士たちは先番宿割・道中目付・狼藉取締役・道中取締役などの諸役に就任した者のほかは、一番組から七番組までの七組の小隊に編制された。そして、各組には原則として三十人が所属し、そこに各三人の小頭が配されている。近藤勇は六番組の小頭の一人に任じられ、大赦によって獄を解かれた水戸の芹沢鴨と、その同志である新見錦の二人は三番組の小頭となった。

近藤の組には山南敬助・土方歳三・沖田総司・永倉新八・藤堂平助・原田左之助のほか、平山五郎・平間重助・野口健司の三人が所属していたが、彼らは芹沢・新見の同志である。

また、新見の組には井上源三郎のほか、天然理心流門人で沖田総司の義兄である沖田林太郎と、同じく中村太吉・佐藤房次郎・馬場兵助も配されていた。沖田林太郎らは新選組にかかわることはないのだが、これは偶然の結果とは思えない。とはいえ、近藤と芹沢に面識があった様子はなく、仮にあったとしても、二人が浪士組の編制を左右できるはずもない。あくまでも偶然の結果なのだが、近藤と芹沢のグループは浪士組結成時より密接な関係にあったのである。

二月八日、浪士組は旗本の鵜殿鳩翁を浪士取扱とする幕府側の役人たちに率いられ、中山道を京都に向けて旅立った。八日に大宮宿（さいたま市大宮区）、九日に鴻巣宿（埼玉県鴻巣市）と宿泊を重ねた浪士組は、十日には本庄宿（埼玉県本庄市）を宿とするのだが、宿の手配を行う先番宿割が芹沢の組の宿を取り忘れた。これに怒った芹沢は宿の往来で篝火を焚くという事件を起こす。

これは先番宿割をつとめていた近藤の手落ちとされ、平謝りに謝って許されたというエピソードを永倉新八が伝えているが、これは事実ではない。近藤はたしかに先番宿割の手伝いを命じられているのだが、それは四日後の十四日のことであり、それ以前に宿の手配をすることなどはなかった。

ただし、本庄宿では何らかのトラブルがあったことは事実で、「三番組小頭」が道中での規約を破ったが、これは「岡田盟」という道中目付の手違いによるものだったことが、浪士組加盟者の『御上洛御供先手日記』に記されている。三番組の小頭といえば芹沢であり、篝火はともかくとして、何らかの騒ぎがあったことは事実だったようだ。

その後も道中は続けられ、江戸を出立して十六日目の二月二十三日に浪士組は入京すると、洛西壬生(みぶ)村(中京区)の前川荘司(まえかわしょうじ)方を本陣とし、浪士たちは分宿先として用意された十カ所の民家や寺院に旅装を解いた。

このとき近藤の組の十人が宿としたのが、八木源之丞(やぎげんのじょう)方の母屋の東側にあった離れ座敷である。源之丞の三男で、当時のことを知る為三郎(ためさぶろう)によると「六畳に四畳半、それに三畳にほかに少し板敷もあります」(『新選組遺聞』)とのことで、ずいぶんと手狭な建物だった。

清河八郎との対立

その日の夜、浪士組には加わらないものの、前後して同行していた清河八郎は浪士たちを新徳寺(しんとくじ)(中京区)に集めた。そして、浪士組は幕府の力によって上京したが、幕府より禄位を受けているわけではなく、幕府の支配下にはないこと、浪士組の本来の目的が攘夷の断行にあることを告げるのだった。さらに清河はこれを朝廷に建言するというのだが、これに反対する者はなかった。誰も攘夷に異論はない。

波乱があったのは、二十九日の新徳寺での集会のときだ。ここで清河は浪士組が攘夷の先兵となるため、速やかに江戸へ帰還することを宣言した。三月四日に迫っている将軍の入京を前に、京都を去るというのだ。翌三十日に朝廷へ提出した上書には、「速やかに東下、攘夷の御固め……」の文言がある。

これに大きく反発したのが、近藤と芹沢のグループだった。幕府に召されて上京し、京都の治安を回復するという目的を果たさずに江戸へ帰るというのは、あまりにも身勝手であり、幕府を愚弄する行為である。

しかし、朝廷は三月三日に浪士組の江戸帰還を認めたため、清河の方針に反対する近藤と芹沢のグループは、京都に残留して当初の目的を遂行することを決断する。浪士取扱の鵜殿鳩翁としては、朝廷の命令に逆らうことはできず、十三日に浪士組を率いて江戸へ向かうことになるのだが、出立以前に近藤・芹沢らの身の振り方について幕閣に働きかけていた。彼らが京都に残れば、市中に横行する浪士たちと同じであり、何らかの身分を与え、残留を正当なものとする必要があった。

それが京都守護職をつとめる会津藩主の松平容保による「差配」である。つまり、会津藩の管理のもとに、彼らの残留を認めることとしたのだ。

当然、近藤・芹沢らの同意を得てのことで、承諾した彼らには交換条件として、清河とその同志の殺害を命じていた。これは失敗するのだが、近藤の手紙に「清川八郎、（中略）右六人は洛陽において梟首致すべくと周旋仕るところ、折悪しく誅戮（を）加えられず候」との一節がある。「六人」は清河の同志を指している。

江戸に帰った清河らは攘夷を計画し、これを探知した幕府は四月十三日に清河を麻布一の橋（港区）で暗殺し、その同志を捕らえると、浪士組は「新徴組」と名付けられ、庄内藩の配下となって江戸の市中警備を行うこととなるのだった。

清河八郎が攘夷断行のため江戸への帰還を宣言した新徳寺（京都市中京区）。反発した近藤勇・芹沢鴨のグループは京都にとどまり、清河と袂を別つ。新選組のはじまりになった場所だ。

ストーリー② 新選組の誕生

京に残った浪士たちは、会津藩預りとなり、士気を高める

壬生浪士組の誕生

幕府が松平容保に京都残留浪士の差配を命じたのは文久三年三月十日のことだが、その当日、彼らは連名で黒谷（左京区）の金戒光明寺に本陣を置く会津藩に、滞京の許可を嘆願していた。それが次の十七人である。

芹沢　鴨　　近藤　勇　　新見　錦
粕谷新五郎　平山　五郎　山南　敬助
沖田　総司　野口　健司　土方　歳三
原田左之助　藤堂　平助　井上源三郎
永倉　新八　斎藤　一　　佐伯又三郎
阿比留鋭三郎　平間　重助

このうち粕谷新五郎は浪士組に加盟した水戸浪士、阿比留鋭三郎も同じく対馬浪士である。斎藤一は前述のように試衛館の門人で在京しており、浪士組が入京すると近藤らと行動をともにしていたようだ。しかし、佐伯又三郎がここに加わっている理由は明らかではない。あるいは、京都で斎藤と交流があったのか、芹沢グループの誰かと面識があったのかもしれない。

幕府の根回しがあったため、会津藩は十二日深夜に十七人の滞京を認めたが、これ以外にも浪士組から離脱した、殿内義雄・家里次郎・根岸友山・遠藤丈庵・神代仁之助・鈴木長蔵・清水吾一の七人が残留を希望したため、会津藩では十五日に彼ら二十四人を差配することとなる。これによって彼らは、土方歳三が「松平肥後守（容保）御預り」と書くように、実質的には会津藩だが、厳密には容保の「御預り」という身分を保障された。これが会津藩の認識する「壬生浪士組」である。

しかし、両者の共通項は京都残留の一点であり、近藤・芹沢らが二十五日に殿内を四条橋上で殺害すると、根岸友山・遠藤丈庵・神代仁之助・鈴木長蔵・清水吾一、それに粕谷新五郎の六人は京都を脱してしまった。次いで四月六日には阿比留鋭三郎が病死し、二十四日には大坂で家里次郎を切腹に追い込み、ここに十五人が残る。これが近藤・芹沢らが認識していた「壬生浪士組」なのである。

「壬生浪士組」が屯所とした前川邸（現、田野邸／京都市中京区）。慶応元年（1865）に西本願寺に移るまで屯所として使われていた。

浪士組本隊が江戸へ向かうと、彼らは浪士組の本陣とされていた、部屋数が十二間あり、そこに畳が百四十六枚も敷けたという広い前川邸を屯所とし、通りをへだてて隣接する八木邸の門前に表札を掲げた。表札の文字について、八木為三郎は「松平肥後守御預　新選組宿」（『新選組遺聞』）、永倉新八は「壬生村浪士屯所」（『新選組奮戦記』）とするのだが、同年八月の目撃記録によると「松平肥後守御預　浪士宿」（『聞書』）と書かれていたという。

ダンダラ羽織を調える

会津藩は幕府の命によって、壬生浪士組を「御預り」という身分で受け入れたのであり、滞京中の諸費用を保証するのは幕府の役割である。それが「浪士金」と称されたもので、会津藩を通じて幕府が支給することになっていた。この年の十月の記録ながら、隊士一人に付き月額三両が支払われていたというので、この金額は当初より定められていたものと思われる。

しかし、幕府はこれを失念していた。会津藩もそうだ。反幕派の公家や長州藩は将軍に攘夷を迫り、三月十一日には加茂社への行幸に従わせ、四月には攘夷祈願の石清(いわし)

水八幡宮（みずはちまんぐう）への行幸も予定されていた。幕府も会津藩も政局の前に、「浪士金」どころではなかったのだ。

　浪士組の加盟者には入京後に手当金の残金が支給され、近藤・芹沢らも受け取ったはずだが、間もなく生活資金にさえ困窮してしまった。衣類も上京時の着物のままで、初夏を迎えるというのに袷（あわせ）を着ている始末だった。四月二日、芹沢・近藤・新見は隊士とともに大坂へ下ると、今橋一丁目（中央区今橋）にある両替商の平野屋五兵衛方を訪れ、金子（きんす）の借用を申し入れた。借用といっても、強引な金策である。

　当時は尽忠報国を唱えて富商から金策する浪士が多く、平野屋ではいったんは断ったものの、結果的には百両を用立てた。借用証には土方歳三・沖田総司・永倉新八・野口健司の名前があり、「口上覚」とされた添え書には芹沢・近藤・新見の名前が並ぶ。後日、これを知った会津藩は浪士金を支給せずにいたことを詫び、壬生浪士組に百両を与え、それを平野屋に返済させたという。

　壬生浪士組は平野屋からの百両で、松原通御幸町（下京区）の大丸（だいまる）呉服店で衣類を調えるとともに、麻の羽織を作製した。それが彼らのトレードマークとされる「ダンダラ羽織」である。羽織は浅葱（あさぎ）（黄）色で、袖口に山形を白く染め抜いたもので、為三郎は山形が「袖のところには三つくらい、裾が四つか五つくらいでした」（『新選組遺聞』）と語っているが、目撃した会津藩士の記録には「袖口のところばかり白く山形を抜き候羽織」（『騒擾日記』）としているので、裾に山形はなかったに違いない。

　別の記録には「羽織は浅葱にて誠という字を染め込みありし由」（『八条隆祐卿手録』）とあるので、背中にも「誠」の一字が染め抜かれていたようだ。もっとも、派手な上に安物の羽織であったため、自然と誰も着なくなってしまったという。

　また、この下坂時に彼らは町道場を廻って隊士の募集を行っていたようだ。四月十六日、容保の希望によって、黒谷の本陣に召された彼らは、土方と藤堂、永倉と斎藤、平山と佐伯、山南と沖田が剣術の試合を行ったほか、それまでの新入隊士である川島勝司（かわしまかつじ）が棒術、佐々木愛次郎（ささきあいじろう）と佐々木蔵之丞（くらのじょう）が柔術を披露したことが記録されている。川島らは残留浪士ではなく、下坂時の勧誘によって入隊した人物である。

　実質的に十五人で出発した壬生浪士組は以後も新入隊

士を獲得し、五月二十五日には総員三十五人を、六月六日には総員五十二人を数えるまでになるのだった。新入隊士を迎えるにあたって壬生浪士組は組織化され、自分たちが会津藩の外局であることから、組織を「局」と呼び、その局長に芹沢・近藤・新見、副長に土方・山南、勘定方に平間、そして沖田らの残留浪士全員が副長助勤という幹部職についた。その後は新入隊士のなかからも実力者は副長助勤に抜擢されるようになるのだが、この時点では古参と新参を区別するための職制に過ぎなかった。

京都守護職に就任した会津藩主松平容保が本陣とした金戒光明寺(京都市左京区)。会津藩の「御預り」となった壬生浪士組は容保に召され、本陣で武技を披露した。

大坂力士との乱闘

六月二日、大坂で浪士横行との報を受けた壬生浪士組は、近藤・芹沢・山南・沖田・井上・斎藤・永倉・平山・野口、それに新入隊士の島田魁(しまだかい)の十人が下坂し、翌朝には二人の浪士を捕らえて町奉行所に引き渡した。

その後、近藤と井上を除いた八人は、宿としていた八軒家(中央区天満橋京町)の船宿である京屋の小舟を借り、涼を求めて淀川に浮かべた。ところが、しばらくすると斎藤が腹痛を訴えたため、一行は鍋島河岸(北区西天満)で下船して北新地(北区曾根崎新地)にあった料亭の住吉屋へ向かうこととなる。

蜆川(しじみがわ)に架かる難波小橋で大坂力士が通行を妨げたため、無礼に怒った芹沢らが打ち倒し、さらに進むと今度は蜆橋上でも力士が邪魔をする。力士たちも攘夷を唱えていたが、いつまでも実行されないことから武士を侮(あなど)っていたのだ。この力士も打ち倒してしまい、一行が住吉屋に登楼して盃を重ねていると、二十人ほどの力士が店の前に押し寄せてきた。仲間の仕返しをするためで、手に手に樫(かし)の木の八角棒を持っている。

芹沢らが表へ飛び出すと、たちまち乱闘となった。なかには脇差を帯びるだけの者もあり、沖田は八角棒で側頭部を打たれて血を滲ませ、平山は胸を打たれ、永倉は島田が振るった脇差で腕に軽傷を負ったが、それでも彼らの前に力士たちは総崩れとなって逃げ出してしまう。島田魁は、力士側の被害を「三、四人死す。深手八、九人」（『島田魁日記』）としているのだが、一人の力士が死亡したことは間違いないようだ。

翌日、近藤は芹沢との連名で東町奉行所に事件を届け出たのだが、力士側も被害者として事件を届けた。しかし、非が力士側にあることは明白であり、相手が壬生浪士組だったことを知った相撲部屋の親方は、清酒一樽と金五十両を差し出して謝罪する。これによって和解が成立し、力士側は京都での京力士と合同興行のさいには、壬生浪士組への礼相撲を行うことを約束するのだった。

大和屋焼き討ち事件

礼相撲の約束は八月になって果たされることとなり、まず七日から十一日まで祇園北林（東山区祇園町）で興行を打ち、これに壬生浪士組が招かれている。

次いで十二日には土俵を壬生村に移し、礼相撲が行われた。壬生浪士組では町々に張り紙をして集客をはかり、「数万人」（『新選組奮戦記』）は誇大だが、多数の観客を集めることに成功する。礼相撲である以上、収益は壬生浪士組の手に渡ったはずであり、だからこそ張り紙をしてまで集客に努力したのだ。

ところが、芹沢たちにはこれが不愉快だった。芹沢は水戸の大きな郷士の家に生まれたが、この家は水戸藩が藩士に取り立てようとしたときに、分家を藩士とし、みずからは郷士であり続けたという誇り高い家だった。そこで生まれ育った芹沢には「武士」としての矜持があり、商人のように金を稼ぐことは不浄な行為と考えていた。

そんな芹沢を横目に、近藤たちが喜んで金勘定をしている姿が許せなかったのだろう。半数ほどの隊士を連れた芹沢は葭屋町通中立売（上京区）にある生糸問屋の大和屋庄兵衛方に向かい、町年寄に町内の者に外出を禁じるよう命じると、隊士たちに大和屋庄兵衛方と、その隣にある息子の庄三郎方の焼き討ちを命じたのである。

隊士たちは土蔵から運び出した生糸類を焼き払い、数棟ある土蔵の内部に火を放ち、母屋から持ち出した小判や銭を井戸に投じ、衣類から諸道具に至るまで路上に投げ捨てた。火の手があがって当番の大名火消が出動したが、刀を抜いて寄せ付けなかった。庄三郎方も同様だ。焼き討ちは夜から翌朝まで続けられ、それから芹沢たちは立ち去った。

芹沢が大和屋を襲った理由としては、反幕派に献金をしながら、芹沢に対しては断ったためとも、大和屋が生糸の貿易で財をなし、そのために仕事が減少してしまった近くの西陣の織物関係者に依頼されたためともされる。事実関係は不明だが、礼相撲のあった前日でも後日でもなく、その当日に大和屋を襲ったということは、引鉄を引かせた原因が礼相撲にあったことを示している。

なお、事件を芹沢らによるものとすることに疑問もあるようだが、先に引用したダンダラ羽織に「誠」の文字があったとする目撃記録はこのときのものである。

また、やはり事件について触れた『京都返達御用状控』にも「袖印白にて△△、かくのごとくしたる者三、四十人」と、ダンダラ羽織のデザインが記されており、『莠草年録』は「壬生の浪人三十六人」と明言している。『京都返達御用状控』は襲撃側の二、三人が「頭分」と見受けられたとしているので、芹沢と新見の二人、あるいは平山を加えた三人が、あえて壬生浪士組の仕業であることをアピールするために、ダンダラ羽織を着ていたのかもしれない。

この大和屋から中立売通を東に七〇〇メートルほど進むと、御所九門の一つである中立売御門がある。大和屋は御所の至近にあったのだ。ただでさえ火事を恐れた当時にあって、火を放つことは大罪であり、しかも御所近くのこととあって、朝廷は会津藩に犯人の捕縛を厳命した。十五日前後のことのようだ。これを永倉新八は『浪士文久報国記事』で、会津藩に「御所表より召し捕り申すべきよう御沙汰これあり……」と記している。西村兼文の『新撰組始末記』には「会津侯、かかる乱暴を憤り、近藤勇、三（山）南敬助、土方歳三、沖田総司、原田左之助の五人を呼び出し、その処置を命ず」とあるが、これは朝廷の厳命を受けてのことである。

しかし、芹沢の「処置」どころではない問題が起こっていた。この十三日、朝廷は攘夷祈願のための大和行幸の沙汰を下していたのだ。孝明天皇が大和国へおもむき、神武天皇陵と春日大社に参詣し、しばらく逗留して天皇親征の軍議を開くというのである。

ストーリー③ 粛清の嵐

暴走する芹沢鴨らを暗殺し、主導権を握る近藤グループ

御所出動

大和行幸を計画したのは反幕派の公家と長州藩であり、天皇親征の軍議を開くということは、征夷大将軍である将軍の存在を否定することである。

こうした反幕派の横暴に立ち上がったのが、公武合体(こうぶがったい)派(は)の薩摩藩と会津藩だった。両藩は提携してやはり公武合体派の中川宮(なかがわのみや)を動かし、反幕派追放のクーデターを決行する。「八月十八日の政変」である。

万が一、長州藩と一戦を交えることになれば、兵員は多いに越したことはない。会津藩は壬生浪士組に御所への出動を命じた。当日、出動した壬生浪士組の人数は五十二人だが、これは隊士の総数である。多少の怪我や病気の隊士がいて、彼らが出動を見合わせたとしても不思議ではないのだが、それだけ御所へ出動するということに重みがあったのだろう。

近藤勇と芹沢鴨は小具足を身につけ、隊士たちはダンダラ羽織を着用していた。永倉新八は赤地に「誠」一字を白く染め抜いた隊旗を先頭にしていたというのだが、彼らを目撃した会津藩士の『騒擾日記』は、上部に赤く山形が描かれ、黒く「誠忠」の文字が書かれた騎馬提灯を掲げていたことを記録している。

壬生浪士組が蛤御門(はまぐりごもん)に差し掛かると、警備の会津藩士が不審人物の一団と思って通行を禁じた。会津藩では数日前に京都赴任の藩士の半数が、国許からの交代要員と入れ替わっていたため、壬生浪士組の存在を知らなかったのだろう。

槍の穂先を顔先に突き付けられた芹沢は怯(ひる)むことなく、

腰の扇を開いて下から煽ぎ立てて悪口雑言を並べたため、一触即発の状態になった。その様子は「大胆とも申すべきか、にくさもにくし」というものだったが、壬生浪士組を知る藩士が駆けつけて大事には至らずに済んだ。門内に入った彼らに会津藩の合い印である黄色の襷（たすき）が渡されると、「一同多いに悦び、このたすきを掛けて存分に働き致し、真っ先かけて討ち死に仕るべし」（『騒擾日記』）と勇み立ったと記録される。

政変は成功し、堺町御門の警備を解かれた長州藩士は、「七卿落ち」で知られる七人の反幕派公家とともに京都を追われた。これによって反幕勢力は衰退し、親幕の公武合体派が政局を握ることとなる。

壬生浪士組はこの日、夜を徹して南門前の警備を行い、会津藩より高い評価を受けた。その結果が『島田魁日記』の「当組南門前を守る。その節、転奏より新選組の隊名を下さる」という記述である。「転奏」は「武家伝奏」のことで、武家と朝廷の窓口となる朝廷の職名であり、朝廷より「新選組」の隊名を賜ったというのだ。

ただし、「その節」というのは政変当日を指すのではなく、「その節の功により」という意味であって、壬生浪士組が正式に新選組を名乗ったことを確認できるのは、十月十五日付で近藤が会津藩に提出した文書によってのことで、そこに「新選組物（総）代　局長　近藤勇」との署名がある。近藤の十月二十日付の手紙に、九月二十五日に政変出動に対して朝廷より各一両の褒美が下されたことが記されており、このときに「伝奏より」との名目で「新選組」を名乗ることが許された可能性がある。

もっとも、新選組という名称と朝廷は無関係で、本来は会津藩の軍制にあったものだ。『しぐれ草紙』は天明（てんめい）八年（一七八八）の会津藩の軍制改革を記録しているのだが、そこで本隊に所属する部隊の一つとして「新撰組　三十人　諸芸秀俊の子弟」とする。この「新撰組」が壬生浪士組に与えられたのである。

壬生浪士組の改称の時期が特定できないため、便宜上、以後は「新選組」に統一することとしたい。

芹沢鴨の暗殺

八月十八日の政変と、その後の混乱のため、芹沢の「処置」は遅れてしまったが、それは新見錦の粛清から始められた。新見は先に局長から副長に降格されていたが、乱暴な性癖による失策を重ねていたのか、このときまでに無役の平隊士の列に落とされていた。

　九月十三日、近藤たちは悪行の数々を突き付け、新見を祇園の貸座敷山緒で切腹に追い込んだ。

　永倉は『浪士文久報国記事』で、新見が水戸浪士の吉成常郎の宿で乱暴を働いたため、同じ水戸浪士の梅沢某の介錯によって死亡したとする。しかし、これは近藤たちが新見粛清の事実をごく一部にとどめ、外部に秘匿するための誤情報だったと思われる。永倉は神道無念流の同門である芹沢らに親近感を抱いていたため、情報が漏洩することを危惧し、切腹の場から遠ざけ、あえて事実を伝えなかったのだろう。その後、永倉は『新選組奮戦記』や『同志連名控』で山緒での切腹を伝えているのだが、これは維新後に事実を知ったことにより改めた結果と考えられる。

　十六日、新選組は島原遊郭にある角屋で総会を開いた。会議が終わって宴会となると、しばらくした午後六時ごろに芹沢は平山・平間とともに席をはずし、壬生村の八木邸へ戻った。芹沢には愛人のウメが待っており、『新選組奮戦記』によると平山は桔梗屋の小栄、平間は輪違屋の糸里を連れていたという。なお、為三郎によると「小栄」は「吉栄」といったようだ。

　土方は沖田と彼らに同行し、彼らが八木邸の母屋で酒を飲み始めると、土方もこれに加わった。目的は彼らを酔わせることにあった。沖田は前川邸に戻り、打ち合わせをしていた隊士を待っていたのだろう。

　外は雨が降っていた。為三郎によると、土砂降りの雨だったというが、各種の日記には降雨は記録されているが、それほど激しい雨ではなかったようだ。

　やがて酔いが回り、芹沢と平山は北側の十畳間に屏風を衝立とし、北に芹沢とウメ、南に平山と小栄が、平間は別間の四畳半に糸里と横になった。それを確認した土方は八木邸から立ち去り、しばらくすると、ふたたび様子をうかがいに戻ってきた。午前零時ごろとされる。

　それから二十分後、玄関から抜刀した四人の男が雪崩れ込んできた。土方と沖田、それに山南と原田である。四人は芹沢と平山の眠る部屋の襖を蹴破って乱入すると、土方と沖田が芹沢に襲いかかった。初太刀を受けた芹沢は起き上がって、斬られながらも隣室に転がり込んだが、倒れたところを斬りつけられて絶命する。

同じ布団に寝ていたウメは首の皮一枚を残していたが、平山の首は落とされ、糸里は厠に立っていたため難を免れた。殺害の対象ではなかったと思われる平間は、糸里ともども無事だったが、そのまま京都を脱してしまった。

芹沢と平山の遺体は壬生村の共同墓地に埋葬され、翌年に建立されたと思われる連名の墓碑には「文久三癸亥九月十八日卒」と刻まれており、十八日を死亡日とするものもあるが、これは葬儀が行われた日である。

実際の死亡日と墓碑の死亡日が異なっている隊士は、野口健司と松原忠司の二人が確認されている。これは死亡日と葬儀の日が異なっていたために、墓碑建立時に誤認されてしまったのである。芹沢と平山の場合も、その結果によるものだったのだ。何よりも、十八日は各種の日記は晴天と記録しており、前後で雨天が確認できるのは十六日のみなのである。

壬生寺（京都市下京区）にある芹沢鴨・平山五郎の墓。芹沢グループは、酔って八木邸で寝ているところを土方歳三らに襲われた。

新選組は表面上、事件を長州藩が差し向けた刺客によるものとした。そして、六月までに入隊していた反幕派で、永倉の暗殺まで計画していたという御倉伊勢武（みくらいせたけ）と荒木田左馬之助（あらきださまのすけ）を、長州の間者として斎藤一と林信太郎（はやししんたろう）が屯所で殺害する。また、間者として入隊していた楠小十郎（くすのきこじゅうろう）は、この事件に危険を察して逃走しようとしたところを、原田左之助が追い掛けて殺害したとも、屯所へ引き立てて殺害したともされる。

芹沢グループで最後に残った野口健司は、彼らのなかで最も若い二十一歳であり、同じグループとして残留はしたものの、彼らとはあまり行動をともにしていなかったのかもしれない。そのため十二月まで在隊していたが、二十七日に判然としない理由で切腹を命じられてしまうのだった。野口の遺体は翌日、綾小路通沿いにある光縁寺（下京区四条大宮町）に埋葬され、以後、同寺には多くの隊士たちが眠るようになる。

ストーリー④　池田屋事件

反幕過激派の会合を急襲し、京を震撼させた新選組

内山彦次郎の暗殺

元治（げんじ）元年（一八六四）四月二十二日、松原通東木屋町（中京区）で火災が発生した。この現場に出動した新選組は、通行を妨げるかのような動きをする不審な二人を発見し、一人を捕らえることに成功する。

その人物を屯所へ連行して調べると、長州屋敷の門番と自供したが、それにしては身なりや刀がそれに相応（ふさわ）しくない。さらに厳しく追及すると、前年の八月十八日の政変で京都を追われた長州藩士と、彼らに同調する他藩士や浪士ら二百五十人が京都に潜伏していることを白状したのだった。

新選組は市中の探索を開始するのだが、五月七日には前年に続いて二度目の上洛をしていた将軍の徳川家茂を警護して大坂へ下る。京都に反幕派が潜伏しているのであれば、大坂にもその可能性はある。家茂が十六日に海路で江戸へ向かうまで、新選組は警護と並行して探索活動を行い、ある人物に焦点を絞った。それが大坂西町奉行所与力の内山彦次郎（うちやまひこじろう）である。

『新選組奮戦記』によると、「内山彦五（次）郎という長州系のものが、倒幕党の旨をうけて相場を引き上げていると判明する」とのことで、庶民が幕府を恨むように仕向けていたのである。土佐の真覚寺という寺院の僧侶による『晴雨日記』に「大坂与力何某（なにがし）、灯油、篠巻類を買い〆（占め）……」とあるが、この「何某」が内山である。大坂残留の隊士たちは内山の行動を調べ上げ、奉行所からの退勤時を狙うこととした。

二十日の夜、用心棒に囲まれた内山の駕籠が天神橋に

差し掛かると、潜んでいた隊士たちが飛び出した。『新選組奮戦記』によると、用心棒は逃げ去り、土方が内山の駕籠に刀を突き刺し、近藤が駕籠から転げ出た内山の首を打ち落としたとのことだ。

しかし、永倉はこの事件に関与しておらず、近藤は二十日には在京していたことが確認される。当時の記録である『風説集』には、駕籠の両脇より手槍で突き、内山を引き出すとその両手を斬り落とし、それから首を打ったとあって、こちらが事実と思われるが、襲った隊士の名前は不明である。なお、西村兼文(にしむらかねふみ)の『新撰組始末記』によると、刺客となったのは土方・沖田・永倉・原田の四人とのことだが、永倉は不関与であり、永倉ではなく、島田が加わっていたようだ。

内山が反幕派の意を受けていたとすることに確証はないが、相場の操作によって市民を混乱に陥れていたのは事実だった。『晴雨日記』に、「大坂与力何某(内山)、灯油、篠巻類を買い〆(占め)交易せし事を壬生浪人聞き出し与力を殺す」との記述があるが、その結果、「鰹節、紙、米、灯油、篠巻の類にわかに下がる由也」とある。

また、大坂の商人平野屋(ひらのや)武兵衛の日記には「内山彦次郎と申す悪与力」とまで記されており、内山が反幕派でなかったとしても、新選組は庶民を救ったことになる。

古高俊太郎の捕縛

火災現場での不審人物の捕縛以後、新選組は京都での探索をより強化したが、それは反幕派との武力衝突が近いことを意味していた。

新選組は「尊王攘夷」を掲げて隊士を募集していたが、そこには親幕派と反幕派が混在していた。反幕派の隊士が反幕派との衝突を望まないことは当然であり、衝突そのものを恐れる隊士があっても不思議ではない。そんな彼らは集団で脱走した。その結果、六十人ほどの隊士が四十八人にまで減少してしまう。

それでも六月に入って間もなく、新選組は鴨川東岸でふたたび不審人物を捕らえ、反幕派が前月より京都に四十人、伏見に百人、大坂に五百人も潜伏し、中川宮や松平容保の殺害と、市中への放火を計画しているとの自供を得るのだった。

新選組は会津藩へ通報するとともに、厳重な探索を行う。そして、六月五日の朝、ついに副長助勤の武田観柳(たけだかんりゅう)

斎が率いる隊士たちが、四条小橋の近くで薪炭商を営む桝屋喜右衛門を捕縛するのだった。

　桝屋は近江出身の反幕派で、本名を古高俊太郎という。文久二年（一八六二）に主人が死亡した桝屋を相続すると、滞京する反幕派と交流を重ね、宿を貸し、武器を預かるなど、協力を惜しまずにいた。それが新選組の探索網に引っかかったのだった。

　家宅捜索の結果、桝屋からは武器や甲冑、それに反幕派からの手紙類も発見されたので、隊士たちは古高を屯所に連行した。取り調べの結果、先の不審人物の自供が裏付けられ、新選組は会津藩に急報する。

　会津藩も反幕派の京都潜伏の事実をつかんでおり、ただちに対策会議を開いた。彼らを一網打尽にするため、京都所司代や町奉行所のほか諸藩に出動を要請したが、自藩もそうであるように、速やかな対応ができず、新選組には四条通川端（東山区）にある祇園会所への集合を命じている。

　時刻は夜の五ツ時、春分・秋分の昼夜が同時刻のときは午後八時に相当するが、夏は夜の時間が短く、換算すると午後九時十五分ごろのことである。この時刻に新選組は四条通を北上しながら、会津藩は二条通から南下しながら、反幕派を捕縛する作戦だった。

　一方、古高の捕縛を知った長州藩では、在京を許されていた桂小五郎（のちの木戸孝允）らが藩邸に集まり、善後策を協議していた。古高奪還という強攻策も主張されたが、慎重論が大半を占め、これを藩邸外に潜む同志に伝えるため、彼らに集合を命じている。その集合場所が三条小橋に近い、長州藩の定宿とされていた池田屋だった。集合時間は、奇しくも夜の五ツ時である。

新選組の出動

　祇園会所への集合を命じられた新選組は、昼過ぎから数人ずつの隊士が何気なく屯所を出ていた。怪しまれないよう散歩を装うなどして、会所に集まることになっている。戦闘に備えての手槍や鎖帷子などは、それとわからないように大八車に積んで別に運んでいた。

　新選組は先の集団脱走によって四十八人となっていたが、数日前にはさらに八人が脱走し、総員はわずか四十人に過ぎなかった。そのなかには病人もおり、屯所には連絡要員も必要であり、山南敬助・山崎烝ら六人が残り、三十四人の隊士が出動することとなる。この三十四人を十人の近藤隊と、二十四人の土方隊の二隊に編制し、土方隊はさらに二分できるようにされていた。次のような編制である。

近藤隊

近藤　勇	沖田　総司	永倉　新八
藤堂　平助	谷　万太郎	浅野藤太郎
武田観柳斎	奥沢　栄助	安藤早太郎
新田革左衛門		

土方隊

土方　歳三	井上源三郎	原田左之助
斎藤　一	篠塚　岸三	林　信太郎
島田　魁	川島　勝司	葛山武八郎
谷　三十郎	三品　仲治	蟻通　勘吾
松原　忠司	伊木　八郎	中村　金吾
尾関弥四郎	宿院　良蔵	佐々木蔵之丞
河合耆三郎	酒井　兵庫	木内　峰太
松本喜次郎	竹内元太郎	近藤　周平

　祇園会所に集結して仕度を調えた新選組は、はやる気持ちを持て余していた。そして、ついに新選組は動き出してしまう。

池田屋事件

　近藤隊は木屋町通を北上し、人数の多い土方隊は祇園の繁華街と、鴨川東岸の縄手通を北上することになっており、土方隊と思われる隊士たちの姿が祇園の茶屋で目撃されたのは六ツ半時、午後八時半のことだ。もっとも、約束の時間を待っていたとしても、会津藩も諸藩も準備に手間取っており、出動できる状態になかった。

　近藤隊が河原町通に出たのは、午後十時過ぎと思われる。ここで町役人から通報があったのか、近くの池田屋に不審を抱いた。近藤は池田屋の隣や向かいの家から池田屋の間取りを聞き、奥沢栄助・安藤早太郎・新田革左衛門を裏口に配し、谷万太郎・浅野藤太郎（薫）・武田観柳斎を入口に残すと、みずからが沖田総司・永倉新八・藤堂平助を率いて池田屋に乗り込むのだった。午後十時四十分ごろのことである。

　池田屋の主人に御用改めであることを告げると、主人は集まっていた反幕派浪士たちに急を報じるため、奥の二階へ続く階段を上ろうとしたが、近藤は拳で殴り飛ばしてしまう。沖田とともに二階へ上がると、集会中の浪士がいた。永倉は「二十余人」(『新選組奮戦記』)とするが、その一人であり、負傷後に死亡した土佐足軽の野老山吾吉郎によると、実際の人数は十四、五人だったという。

　近藤が「御用御改め、手向かいいたすにおいては用捨なく切り捨てる」(『浪士文久報国記事』)と大喝すると、いきなり一人が沖田に斬り掛かる。これを沖田が斬り捨て、池田屋屋内での戦闘が始まった。

　浪士の半数近くは二階から飛び降りるなどして裏口へ逃れた。裏口で戦いが行われ、守備していた奥沢が即死。同じく安藤と新田は重傷を負って、七月に死亡することとなる。

　屋内の闘いは階下に移されたが、「八間」という大型の釣行灯が照らしていたため、闇に遮られることはなかった。近藤は奥の間で闘い、永倉は入口に近い土間で闘っていたが、左親指の付け根を斬られ、中庭で闘っていた藤堂は暑さのあまりに額の鉢金をはずしたところ、眉間を斬られてしまい、屋外に運び出された。

　沖田は闘いの最中に倒れたため、これも表へ出されるのだが、昏倒の原因は判然としていない。永倉の『新選組奮戦記』では、沖田の昏倒の原因を「肺患が再発して」とするが、『浪士文久報国記事』では「病気」として、病名については記述はない。おそらく、沖田は熱中症のように、暑さが原因で倒れたのであろう。実際に結核が発症したのは慶応三年(一八六七)の後半と考えられる。

「維新史跡　池田屋騒動之趾」(京都市中京区)と刻まれた石碑。この事件をきっかけにして、新選組の勇名は高まった。

　やがて池田屋での戦闘を知った土方隊が駆けつけ、土方は井上以下を屋内に投入し、松原以下とともに屋外の警備にあたった。このとき入口を守備していた谷・浅野・武田の三人も屋内に入ったようだ。土方隊の加勢を得た近藤は隊士に捕縛を命じた。

後日、事件を報じた近藤の手紙に、「打ち取り七人、手疵負わせ候者四人、召し捕り二十三人、右は局中の手にて働き候」とあるが、これは池田屋内部のみのことではなく、その後の残党狩りを含めてのものである。また、同じ手紙で近藤は池田屋での闘いの時間を「一時余り」としているが、これも夜の時間が短かったので、一般的な二時間ではなく、一時間二十分ほどに相当する。事件の途中から会津藩ほかの部隊も出動し、新選組は彼らとともに夜を徹して屋外での残党狩りを行い、屯所に戻ったのは翌日の正午を過ぎたころである。

京都市中への放火という危機を、未然に防いだ新選組は高い評価を得て、八月四日には死亡者を含む出動隊士全員に各十両、ほかに近藤へ「別段」として二十両、同じく土方へ十三両、近藤隊所属の九人へ各十両、土方隊の井上ら十一人に各七両、松原ら十二人に各五両、総額六百両が褒賞金として、松平容保を通じて幕府より下されることとなる。

新選組が屯所に戻ったその日、会津藩は加勢として柴司ら七人の藩士の子弟を派遣した。新選組は疲弊していたが、まだ残党狩りは続けられており、十日には長州藩士が東山（東山区清水）の明保野亭という料亭に潜伏中との報が寄せられ、武田観柳斎は隊士と柴らを率いて出動した。このとき逃走しようとした武士を柴は手槍で突いたのだが、これが長州藩士ではなく、麻田時太郎という土佐藩士だったことから大問題となってしまう。

負傷した麻田が藩邸に運ばれると、激昂した藩士たちは明保野亭に集まり、会津藩や新選組への復讐を叫ぶ。これは重臣によって鎮静されたが、土佐藩では会津藩が送った医師の治療を拒絶し、翌十一日、麻田は士道の本意が立たないとの理由で切腹してしまった。

土佐藩は会津藩と同じく公武合体派であり、麻田が切腹したことによって、上層部は土佐藩との関係悪化に苦慮したが、その意を汲んだ柴も、十二日に兄の介錯によって切腹して果ててしまうのである。

十三日に行われた柴の葬儀には、新選組から土方・武田・井上、それに浅野藤太郎・河合耆三郎が参列し、柴の遺体を撫でて声を上げて悲しみ、その夜の葬送にも従って涙を流した。

柴の墓碑は金戒光明寺内の「会津藩殉難者墓地」にあり、その正面には「会津柴司源次正墓」と刻まれている。

ストーリー⑤ 禁門の変

京を護る会津藩と協働し、反幕派の長州軍を撃退する

様々な隊旗

元治(げんじ)元年(一八六四)六月十四日、池田屋事件の第一報が長州藩に届き、藩庁はただちに家老の益田右衛門介(ますだうえもんのすけ)に上京を命じている。前年の政変で京を追われた長州藩は、しばしば入京の許可を朝廷に請願していたが、認められずにいたことから、武力を背景に入京を迫る「武力請願」をも辞さない方向に進んでいた。それが池田屋事件によって、一気に現実のものとなったのである。

長州藩士の久坂玄瑞(くさかげんずい)と、久留米の真木和泉(まきいずみ)が率いる第一陣三百人は、十六日に三田尻(山口県防府市三田尻)より海路を大坂へ向かい、二十四日には山崎(京都府大山崎町・大阪府島本町)・天王山(大山崎町)に布陣する。さらに、家老の福原越後(ふくはらえちご)の率いる第二陣三百人も伏見に入り、来島又兵衛(きじままたべえ)・国司信濃(くにししなの)らの六百人が嵯峨の天龍寺(右京区嵯峨天龍寺)、益田右衛門介の六百人が八幡(京都府八幡市)に陣を張った。

この事態に幕府は市中および周辺の厳戒を命じ、二十四日に新選組は会津藩兵とともに竹田街道の九条河原へ出陣した。以後、新選組は九条河原の会姓寺橋(現在の勧進橋)付近に滞陣するのだが、このときに様々な隊旗が目撃され、文字や図で記録されている。

同時代の文字による目撃記録には、正方形の赤地の旗に「誠忠」と山形があるもの(『甲子戦争記』)、赤地に金糸で「誠」を縫い取ったものが大小三枚(『雑記』)、色は不明ながら「誠」と書かれたもの(『幕末雑記』)、赤地の旗の縁と「誠」を白く染め抜いた、縦約九〇センチ、横約六〇センチのもの(『彗星夢雑誌』)などがある。

図示されたものでは、会津藩の絵師による正方形の赤地の縁と「誠」を白く染め抜いたもの（仮称『会姓寺橋布陣図』）、縦長の旗に赤地で「誠」と記しただけの、急拵えと思わせるもの（『藤岡屋日記』）などがある。

一枚の旗を守り抜いたというイメージが強い新選組だが、このように複数の旗が存在していたのである。

また、壬生浪士組時代の隊旗として、永倉新八は赤地に白く「誠」を染め抜いた約一八〇センチ四方のものとし、八木為三郎は「誠」の下には白く山形が抜かれていた縦約一二〇センチ、横約九〇センチのものだったとする。

なお、『彗星夢雑誌』には「大将」の所在を示すためのものか、「近藤勇」の名前と「丸に三引」の家紋が描かれた旗の存在も記録されている。

禁門の変での活躍

続々と集結した約二千人の長州軍は、伏見・山崎・天王山のほか、嵯峨の天龍寺にも布陣し、幕府による再三の退去命令に従おうとしなかった。

七月十九日の夜明け前、進発する福原越後の軍勢が伏見北部の稲荷山を守る大垣藩兵と衝突した。砲声が響き、九条河原に布陣していた新選組は会津藩兵とともに出陣したが、すでに敵は伏見へ退去していた。一方、京都では天龍寺の長州軍七百人が間道を進み、御所西側の蛤（はまぐり）・中立売・下立売の各門に向かったが、三軍が合流して会津藩が守備する蛤御門に集中した。門を挟んでの激戦となったが、乾（いぬい）御門より援軍に廻った薩摩藩とともに応戦し、長州軍を敗走させることに成功する。

御所南の堺町御門には、天王山に布陣していた久坂玄瑞・真木和泉の軍が押し寄せ、福井藩兵との戦いとなった。新選組は会津藩兵と九条河原より堺町御門に駆けつけ、福井藩兵とともに長州軍を攻撃すると、彼らは肥後藩兵の守備する寺町御門方面へ逃れたが、追った新選組などに挟撃され、壊滅的な打撃を受けた。

堺町御門に引き返した新選組は、門脇の鷹司邸に火を放って屋敷内に籠もる長州兵を撃ち、次いで御所公卿門の警備を命じられる。公卿門に近い日野邸にも長州兵が潜んでおり、永倉・原田・井上の三人が隊士二十人を率いて突入し、彼らを敗走させるのだった。禁門の変で新選組に二人の負傷者があったことが記録されるが、『新選組奮戦記』によると永倉が股に、原田が左肩に軽傷を負ったとされる。長州軍は来島又兵衛・久坂玄瑞ら多数の死傷者を出して敗走し、新選組は会津藩とともに公卿門の前に宿陣している。

京都を脱した長州軍のうち、真木和泉以下は天王山へ逃れ、翌二十日には会津藩兵とともに新選組が追討に向かった。当日は伏見に宿陣したが、急な出陣だったため兵糧の用意ができておらず、伏見奉行所の糧米を得て空腹を凌いだ。翌朝、橋本より淀川の対岸へ渡り、天王山を指して進み、探索を重ねながら中腹の宝積寺に至り、軍議を開いて追討戦に向かった。

新選組では土方・原田・井上らが山下の警備を行い、近藤・永倉・斎藤らが山中を進むと途中で銃撃を受けたが、身を潜めていると山上に煙が上がり、駆けつけると真木ら十七人は割腹して火中に身を投じていた。

追討戦はこうして終わり、新選組は橋本から大坂に下って「西横堀の御堂」（『島田魁日記』）へ入ったとのことだが、これは「南御堂」と通称される東本願寺の難波別院（中央区久太郎町）のことだろう。新選組はそのまま滞陣し、長州藩兵が潜伏している可能性のある市中の捜索を続け、二十五日に帰京したようだ。

新選組が九条河原から駆けつけた堺町御門（京都市上京区）。堺町御門は御所の南中央にあり、長州軍はここからも進入し、鷹司邸などに立てこもった。

隊士募集による新たな編制

禁門の変によって長州藩は朝敵とされ、七月二十三日には長州征伐の勅許が下された。朝廷は将軍の進発を求め、松平容保の内意を受けた近藤は、永倉新八・武田観柳斎・尾形俊太郎を同行して九月五日に京都を出立する。江戸まで約四九〇キロを、途中で桑名宿（三重県桑名市）から宮宿（名古屋市熱田区）までを「七里の渡」という海路を利用したものの、江戸到着は五日後の十日という大強行軍だった。

　元松前藩士の永倉の手配により、近藤は松前藩主で老中格の松前崇広に謁見して将軍上洛を建白し、一方で隊士の募集を行っていた。池田屋事件前に西国出身の隊士が集団脱走したことから、近藤は事件を報じた手紙で「兵は関東に限り候」としており、それを実行したのだった。自身の東下に先立って藤堂を江戸に送り、深川佐賀町（江東区佐賀）で北辰一刀流の道場を開く、かつて藤堂の師匠だった伊東甲子太郎を新選組に勧誘させていた。

　後日、近藤と対面した伊東は、新選組が尊王攘夷の集団であることを確認して加入に応じ、実弟の三木三郎、門人の内海次郎・中西登、同志の篠原泰之進・佐野七五三之助・加納鷲雄らをともなうことを約束する。また、武州や江戸でも隊士の募集を行っており、天然理心流や他流派の門人十数人が入隊することになる。

　伊東のグループは十月十五日に江戸を発って、鎌倉の鶴岡八幡宮などに立ち寄り、十六日に出立した近藤の一行と合流し、二十七日に入京した。

　このとき新選組は京坂でも隊士の募集を行っており、十一月には総員六十七人の名前が記された『行軍録』が作成される。この編制はきたるべき長州征伐への出陣を念頭にしたもので、同時に「軍中法度」という戦時における心得も定められた。

『行軍録』においては、従来の副長助勤制は小隊制に改められ、一番から八番までと小荷駄からなる九小隊制に編制されている。各組頭は次のようで、これに基本的には五人の直属の隊士が配属された。

一番　沖田　総司　　二番　伊東甲子太郎
三番　井上源三郎　　四番　斎藤　一
五番　尾形俊太郎　　六番　武田観柳斎
七番　松原　忠司　　八番　谷　三十郎
小荷駄　原田左之助

　ここに本来あるべき山南・永倉・藤堂の名前がないが、山南は病気、永倉は謹慎中、藤堂は江戸に残留しており、隊務からはずれていたためである。山南については後述するが、尾形が永倉の、松原が藤堂の代役として組頭に任命されていたようだ。

　この九小隊制は新選組の編制の基本とされ、慶応三年（一八六七）まで、その間に何度か行われる改変でも維持されることとなる。

ストーリー⑥ 内部分裂

御陵衛士となって分離した伊東甲子太郎らを暗殺する

山南敬助の切腹

文久三年（一八六三）十月前半のことと考えられるが、山南敬助は大坂高麗橋一丁目（大阪市中央区高麗橋）にある呉服商の岩城升屋方に押し入った賊と闘い、愛刀の「赤心沖光」を折りながらも彼らを討ち取った。この事件で山南は心身両面か、その一方に傷を負い、隊務から離れることとなる。

四カ月後の元治元年（一八六四）二月二日、武州多摩郡蓮光寺村（多摩市連光寺）の名主で、天然理心流の門人でもある富沢忠右衛門が屯所を訪ねてきた。そのときの富沢の日記に「近藤勇、山南敬助、土方歳三、井上源三郎、沖田総司等の旧友を尋問す。（中略）山南は病に臥し逢わず」（『旅硯九重日記』）と、山南が病中だったために面会できなかったことが記されている。

その後、富沢は何度となく近藤や土方らと会っているのだが、一度も日記に山南の名前が記されることはない。同年六月五日の池田屋事件においても、山南は出動隊士に名を連ねてはいない。さらに、伊東甲子太郎らの入隊後の十一月に作成された『行軍録』にも名前はない。

前述のように『行軍録』には永倉新八のほか、藤堂平助の名前もないのだが、『行軍録』を見た日野の佐藤彦五郎は、永倉が不在の理由を土方に尋ねている。これは永倉が謹慎中だったために洩らされたのだが、江戸に残留していた藤堂については尋ねていない。当然、それを知っていたためだ。そして、山南についても触れることはない。これも山南が病気であることを、帰国した富沢から聞いていたためだ。

つまり、文久三年十月から翌年十一月までの丸一年間、山南は新選組の表舞台から姿を消していたのだ。そして、慶応(けいおう)元年(一八六五)二月二十三日、山南は切腹する。

その理由を『新選組奮戦記』は、反幕派の伊東に接近し、事をなすことを約して脱走したが、追っ手となった沖田総司に大津の宿で発見され、屯所に連れ戻されて切腹したものとし、西村兼文の『新撰組始末記』は、そのころ新選組が進めていた西本願寺への屯所移転に反対したが、近藤勇や土方歳三に聞き入れられないため、憤慨のあまり自刃したものとする。

しかし、伊東との接近については、入隊後の伊東は組頭として、同志たちも隊士として隊務に励んでおり、この時点で反幕思想の一致から行動に移したとは考えにくい。屯所移転問題については、それよりも近藤・土方との確執が大きかったのかもしれない。

では、なぜ沖田が大津で山南を発見できたのかといえば、そこが病んでいた山南の療養地だった可能性が考えられる。だからこそ沖田は容易に山南と出会い、連れ帰ることができたのではないだろうか。

屯所から逃げ出すのも脱走であり、帰隊命令に背いて他所から戻らないのも「脱走」である。山南は脱走の罪によって切腹を命じられ、翌二十四日に光縁寺へ埋葬された。

その直前、山南が屯所の一室にある出格子を挟んで、島原の芸妓だった愛妾明里(あけさと)と最後の言葉を交わしていたことを、八木為三郎が目撃している。

なお、新選組が屯所を西本願寺の北集会所に移したのは、翌月十日前後のことである。

光縁寺(京都市下京区)にある山南敬助の墓。山南は屯所を脱走すると大津で沖田に捕らえられ、切腹を命じられたという。

伊東甲子太郎らの分離

伊東とその同志たちが新選組と距離を置こうと考え始めたのは、慶応二年になってからのことのようだ。

しかし、新選組には許可を得ての「除隊」という制度はあったが、そうでない脱隊は認められていなかった。そこで伊東が案出したのが、「分離」という方法である。新選組を脱するのではなく、新選組隊士では反幕派の情報を入手できないので、分離という方便で隊を割り、反幕派を装って彼らの情報を入手するという理屈である。

慶応二年七月下旬のことと思われるが、伊東は京都に潜伏していた近江国水口（滋賀県甲賀市水口町）の反幕派の草莽である城多董と面談し、近藤らが尊王攘夷の大義を忘れ、忠告に従わないことから「故に我が徒数人と分離し、別になすところあらんとす」（『昨夢記』）と述べている。「我が徒」とは、隊内の同志のことだ。

九月二十六日、伊東は篠原泰之進とともに近藤・土方と面談したが、二人が分離を受け入れるわけがなかった。翌日、篠原は一人で談判に乗り込み、「ついに余輩の術中に陥り、分離論に服す」（『秦林親日記』）と分離を認めさせたとするのだが、これは事実ではない。

しかし、伊東は新選組と敵対することは望まず、あくまでも分離による脱隊を実現しようとしていた。

慶応三年の元日、伊東は永倉と斎藤とともに島原の角屋で酒宴を開き、そのまま三人とも屯所に戻らず、四日に帰隊したところで、怒った近藤より謹慎を命じられる。この行動は永倉や斎藤を近藤から離反させ、自派に引き込もうとする計画だったのかもしれない。

十八日に伊東は新井忠雄とともに九州へ旅立つのだが、目的は各地の反幕派に分離論への理解を求めることにあった。このまま分離に成功しても、多くの反幕派が分離を偽計と判断すれば、反幕活動どころではなく、自分たちの命さえ危うくなってしまうのだ。

伊東の『九州行道中記』に「局異論分離の言にて、いささか嫌疑を解く」と記されたのは、二月四日のことである。全面的にではなくとも、一応の理解が得られたのだ。

伊東は十一日に海路で大坂に着くと、翌日には入京して篠原らの同志と再会するが、伊東を待っていたのは、出立前に命じていた「御陵衛士」拝命の報告だった。前年十二月に孝明天皇は急死しており、その陵墓の衛士となることが認められたというのだ。

十三日に伊東は近藤・土方と会うが、その日の『九州行道中記』には「分離策を談ず、意の如し」とあって、二人の承諾を得たことがわかる。また、十五日には京都町奉行の大久保忠恕と、会津藩公用人の野村左兵衛に分離を報告すると、伊東らは分離を決行する。

彼らは二十日と二十一日の両日で屯所を去るのだが、伊東に同行したのは、三木三郎・篠原泰之進・服部武雄・新井忠雄・加納鷲雄・内海次郎・毛内有之助・阿部十郎・橋本皆助、それに近藤が間者として同行させた斎藤一の十人だった。

二十日の離隊者は三条の城安寺（東山区南西海子町）に一泊し、翌日より全員が五条の善立寺（東山区袋町）。現在は同区轆轤町）に宿泊するのだが、二十五日前後に美濃（岐阜県南部）へ出張していた藤堂平助と、その帰りを待っていた富山弥兵衛と清原清が合流する。

以後、御陵衛士は六月中旬まで善立寺を屯所とすることとなる。

離反する隊士たち

新選組を脱することを望んだのは、伊東甲子太郎らばかりではなかった。

分離して間もない四月十四日、過激な攘夷論の持ち主だったという田中寅三（たなかとらぞう）が脱走する。反幕派隊士である。

しかし、翌朝には寺町の本満寺（上京区鶴山町）に潜伏しているところを捕らえられ、屯所へ連れられて切腹の処分となった。

御陵衛士が分離するさい、新選組と約定を交わしていた。それは、以後、新選組から御陵衛士へ、御陵衛士から新選組への付属を願うものがあっても決して許さないという、移籍の禁止である。

田中の脱走の理由は明らかではないが、御陵衛士の分離がその引鉄（ひきがね）となったに違いない。しかし、反幕派の田中が御陵衛士への合流を願った可能性は十分にある。ところが、両者間の移籍は禁止されていた。この約定を破ってしまっては、伊東たちの身が危ういものとなる。

おそらく、田中からの接触があったこと、本満寺に潜伏していることを、伊東らは新選組に通報したのだろう。そうでなければ、脱走翌日の捕縛は難しいに違いない。

伊東は新選組を分離するにさいして、間者として自分の同志を隊内に残していた。しかし、六月十日に新選組総員の幕臣取り立てが内定すると、その同志である佐野七五三之助・茨木司・富川十郎・中村五郎の四人は十三日に京都守護職邸を訪れ、新選組よりの脱隊を直訴するのだった。

会津藩では近藤らを召して彼らを説得させたが、どちらも妥協はしない。翌日も両者は守護職邸で話し合ったが、結果は変わるはずもなく、ついに佐野らは相談のためとして一室を借りると、そのまま切腹してしまうのだった。

葬儀は十五日に新選組が行い、彼らは光縁寺に葬られるのだが、新選組が新築なった醒ヶ井通木津屋橋（下京区北不動堂町）の不動堂村屯所へ移転したのも、同じ日のことだった。

また、武田観柳斎も伊東らに接触した一人である。武田は副長助勤や組頭をつとめる幹部隊士ではあったが、新選組の方針に疑問を抱いたようで、反幕派へ転向した。

慶応元年閏五月十二日、武田は国学者で反幕派の矢野玄道を捕らえたが、取り調べを行った結果、十五日に釈放する。その矢野のもとを、武田は翌年一月二十三日に訪れ、捕縛時の粗暴な態度を謝罪した。

これは武田の反幕派転向をうかがわせる行動である。そして、隊内にあって反幕色を強めてきた伊東らに接触しようとしたのだが、平素の行状が芳しくないため拒絶されてしまう。そこで武田は独自の行動を起こすため、どのような理由を設けたのか、十月には除隊を認められた。

しかし、慶応三年六月二十二日に竹田街道銭取橋（会姓寺橋）で、新選組によって殺害される。理由は「悪事」（『世態志』）を働いたためとされるが、新選組にとっての悪事とは「反幕」にほかならない。除隊を許された武田が、密かに反幕活動を行っていることが判明してのことと思われる。

油小路での暗殺事件

慶応三年十月十四日、徳川家茂の死去によって十五代将軍に就任していた徳川慶喜は、土佐藩の建白を容れて大政奉還を奏上し、翌日には勅許された。二百数十年続いた幕府が、みずから政権を朝廷に返上したのである。

その翌月十八日、新選組は醒ヶ井通木津屋橋にある近藤の妾宅に伊東を招いた。名目は国事談合のためとも、伊東の金策に応じるためともされるが、実は御陵衛士が近藤の暗殺を計画していることを、間者として潜入していた斎藤一が十日に報告してきたことから、先手を打つことにしたのである。

御陵衛士を脱するにあたって、斎藤は公金五十両を盗み出しており、そのために出奔したように装っていた。新選組としても移籍禁止の約定により、斎藤は名前を山口次郎と改め、一時的に紀州藩士の三浦休太郎のもとへ姿を隠した。つまり、新選組から「斎藤一」の存在を消し去ったのだ。

新選組との友好関係を装っていた伊東は、格別に疑うことなく誘いに応じ、また同志たちも深く心配することもなかった。その日の夕方、伊東は護衛も連れずに近藤の妾宅を訪れると、待ち受けていた隊士たちにもてなされて盃を重ね、午後八時ごろになって退去する。

酔い覚ましのため木津屋橋通を東に歩き、油小路通に入ろうとしたとき、伊東は物陰で待ち伏せていた大石鍬次郎・宮川信吉・横倉甚五郎の三人の隊士によって殺害された。死亡したのは油小路通をやや北上した、本光寺の門前だったという。

知らせを聞くと、近藤は伊東の遺体を油小路通と七条通の辻に運ばせるとともに、隊の馬丁に町役人を装わせ、御陵衛士の屯所である高台寺塔頭の月真院（東山区高台寺下河原町）へ走らせた。

このとき月真院に居合わせたのは、三木三郎・篠原泰之進・加納鷲雄・富山弥兵衛・服部武雄・毛内有之助、それに藤堂平助の七人だった。彼らは伊東の遺体を引き取るために駕籠を手配し、七条の辻へ急いだ。

現場には新選組が彼らを待ち受けており、近藤たちは藤堂の命だけは救いたかったのだが、藤堂が遺体を駕籠に入れた瞬間、隊士の三浦恒次郎が背後より藤堂に一刀を浴びせる。さらに、振り向いた顔面を斬りつけ、藤堂は絶命した。

たちまち乱闘となったが、人数も多く、準備も整っていた隊士たちの前に服部と毛内も倒され、三木たちは血路を開いて逃走し、後日、伏見の薩摩藩邸に匿われることとなる。

新選組は残党狩りのため伊東らの遺体を辻に放置していたが、二十日に光縁寺へ埋葬した。

翌年三月、彼らの遺体は同志の手によって、彼らが守衛しようとしていた孝明天皇の眠る泉涌寺にほど近い、東山の戒光寺墓地（東山区泉涌寺山内町）に改葬され、現在に至っている。

ストーリー⑦ 京都落日

大政奉還で幕府は消滅。鳥羽・伏見の戦いに敗走、江戸へ

土佐藩士に襲われた天満屋事件

伊東甲子太郎らが殺害された三日前の慶応三年（一八六八）十一月十五日、下宿先の河原町通蛸薬師（中京区塩屋町）にある醤油商の近江屋で土佐海援隊長の坂本龍馬が、同じく陸援隊長の中岡慎太郎と面談中に襲撃され、ともに命を落とした。近江屋事件である。

この年の四月、瀬戸内海を航行中だった紀州藩船の明光丸が、坂本龍馬率いる土佐海援隊が借り受けたいろは丸と衝突し、いろは丸が沈没するという事故があった。事故責任を巡って紀州藩と土佐藩の談判が行われたが、明光丸側の責任が問われ、賠償金八万三千両の支払いが命じられた。

海援隊や陸援隊の隊士たちは、この裁定を恨みに思った紀州藩士三浦休太郎が黒幕となって新選組を動かし、近江屋事件を引き起こしたものと信じた。彼らは三浦の行動を探り、これに気付いた三浦は会津藩を通じて新選組に警護を依頼する。御陵衛士に間者として潜入していた斎藤は、帰隊後に三浦のもとで身を潜めていたことがあるが、その関係からか斎藤が護衛の責任者とされた。

十二月七日夜、斎藤一・大石鍬次郎・宮川信吉・中村小次郎・中条常八郎・梅戸勝之進・船津釜太郎の七人の隊士が警護する、油小路通花屋町（下京区仏具屋町）にあった三浦の宿舎である天満屋を、十六人の土佐藩士と十津川郷士が襲うのだった。

三浦は隊士たちと酒を飲んでいたが、乱入されると隊士たちは行灯を消し、狭い室内を避けて表へと飛び出した。この動きに相手もつられ、戦場は屋外へ移される。

斎藤は奮闘していたが、背後から襲われそうになったところを、梅戸が相手を抱きとめて危機を救った。中村は敵と組み合って二階から庭の池に落ちたが、相手が下になっていたため、その喉笛を抉（えぐ）ったという。襲撃側では十津川郷士の中井庄五郎（なかいしょうごろう）が即死しているが、これは相手の喉笛を抉ったという中村によるものだったのだろうか。ほかに三人が負傷して、天満屋から立ち去った。

三浦の警護という任務は果たしたものの、新選組では宮川が即死、重傷を負った船津は数日後に死亡、梅戸は斎藤を助けたときに傷を負ったのか、やはり重傷を負ったが、やがて隊務に復帰して会津戦争では駕籠役をつとめている。

天満屋事件の石碑（京都市下京区）。天満屋を襲撃し、新選組と戦って死亡した十津川郷士の中井庄五郎の名も刻まれる。

宮川は翌八日に光縁寺に埋葬され、同寺の過去帳にその記録はあるが墓碑はない。墓碑建立の時間が新選組には残されていなかったのだ。

御陵衛士残党の復讐

天満屋事件の二日後の十二月九日、王政復古が宣言される。大政奉還によって幕府は消滅したが、実務は委ねられていた。しかし、新政府による王政復古によって幕府政治そのものが否定されたのである。

京都市中は不穏な空気に包まれ、二条城に集合した親幕派の怒りは、いつ反幕派との衝突が起きても不思議ではない状態になっていた。前将軍の徳川慶喜は無用な摩擦を避けるため、十二日には幕臣や親幕派の会津・桑名の藩士などとともに大坂へ下った。

新選組は旧幕閣老より二条城の警備を命じられたのだが、水戸藩にも慶喜より警備が命じられており、十三日には両者は城内で衝突してしまう。水戸藩は断固として新選組と共同で警備することを拒否し、両者は対立する。元京都町奉行で、当時は旧幕若年寄格だった永井尚志（ながいなおゆき）の仲介によって近藤勇が折れ、十三日に新選組は永井とともに大坂へ下る。

十四日に大坂へ到着した新選組は天満天神（大阪天満宮。北区天神橋）に宿陣し、市中巡邏を行っていたが、十六日には伏見への転陣が命じられると、彼らは伏見奉行所（伏見区西奉行町一帯）を本陣とした。

二日後の十八日、近藤勇は若年寄に昇格した永井尚志と二条城で面談し、その帰途を阿部十郎らの御陵衛士の残党に襲撃される。

その日の未明、伏見の薩摩藩邸に潜居していた御陵衛士残党の阿部十郎は、沖田総司が近藤の妾宅に潜伏中との情報を得て、内海次郎・佐原太郎とともに妾宅を急襲した。肺結核が悪化していた沖田は、新選組の下坂には従わず、療養場所が確保されてから合流するつもりだったのだろう。

しかし、沖田は不在だった。留守番の女に聞くと、沖田は深夜に伏見へ向かったとのことだが、これは伏見に療養場所が用意できたため、目立たないよう夜のうちに引き移ったものと思われる。

落胆した阿部らは二本松（上京区相国寺門前町）の薩摩藩邸へ立ち寄ってから、知人のもとを訪ねて借金をすると、寺町通に出て籠手や鉢金などを買っていたところ、そこへ馬に乗り、四人の供を連れただけの近藤が通り掛かったのである。

近藤は伏見奉行所へ戻る様子だったので、阿部らは間道を急行して伏見の薩摩藩邸へ走った。ここで近藤を襲撃するために使う小銃と槍を借り、阿部は佐原太郎・富山弥兵衛・篠原泰之進・加納鷲雄とともに、伏見街道と丹波橋通の交差点（伏見区両替町）付近で近藤を待ち受けた。

阿部は富山とともに小銃を持って近くの空屋に潜んでいたが、近藤の姿が見えると、「富山が『来た来た』と言う間に一発撃ってしまった」（『史談会速記録』九〇輯）のだという。ところが、これが近藤の右肩を直撃した。近藤は落馬を免れ、隊士たちは刀で馬の尻を叩いて走らせたため、佐原が斬りつけようとしたものの間に合わなかった。篠原と加納は槍を手に潜んでいたのだが、二人は「我々がまだ戦を始めぬ前に、槍を捨てて逃げてしまったので……」（前掲書）と、阿部は回顧している。

このとき近藤に従っていたのは島田魁・横倉甚五郎・

伏見奉行所跡の石碑（京都市伏見区）。新選組はここに陣をおいて新政府軍と戦うが、圧倒的な火器を前にして奉行所は炎上。新選組は会津藩などの友軍とともに後退、大坂へ敗走する。

井上新左衛門（石井清之進とも）と草履取りの芳介（久吉とも）の四人で、井上と芳介は阿部らに討たれ、新選組では伏見の寺院に葬ったとのことだが、その名称は伝わっていない。

近藤は重傷だった。この報を受けた大坂城の徳川慶喜は夜具、松平容保は見舞金二十両を贈り、医師を派遣した。しかし、伏見では十分な治療ができないことから、二十日には近藤は病中の沖田とともに大坂へ下り、町奉行所の一室で療養することとなる。

あっけない鳥羽・伏見の戦いでの敗戦

年が明けた慶応四年一月三日、大坂から入京を目指して鳥羽街道を進軍する旧幕軍と、赤池（伏見区中島中道町）付近で警備する薩摩軍との間で、通行を巡る押し問答が繰り広げられた。これが発端となって、午後五時ごろには薩摩軍が旧幕軍の軍列に発砲し、この砲声が伏見に響き、鳥羽・伏見の戦いが勃発する。

伏見奉行所には新選組のほか、会津藩兵や旧幕伝習隊が布陣していたが、北方の御香宮神社（伏見区御香宮門前町）の高台より放たれる砲丸が降り注いだ。これには会津藩の大砲隊が反撃し、土方は永倉に抜刀隊を率いての突撃を命じたが、民家に潜む敵兵たちの銃撃を受けて撤退せざるをえなかった。この日の戦いでは二人の戦死が記録されているが、彼らは抜刀隊の隊士だったのだろうか。

砲撃はやがて奉行所を焼き、新選組は夜戦を行いながら午前二時ごろには肥後橋（伏見区三栖半町）付近へ退き、四日の朝を迎えた。四日は鳥羽方面での戦いと伏見の奪還戦が行われるのだが、新選組は前日の夜戦のためか淀城下（伏見区淀本町）で休陣しており、前線に出ることはなかったようだ。

この日、旧幕軍では態勢を整えるため、淀城へ入城しようとしたが、拒絶されてしまう。淀藩は藩主で旧幕老中の稲葉正邦が江戸在勤中であり、藩主不在のまま戦に巻き込まれることを恐れたのだった。淀城を拠点とすれば、後続部隊の受け入れも、兵糧・弾薬の備蓄も可能だったが、露営では満足に行うことはできない。旧幕軍の敗北の兆しがここにあった。

五日には淀堤の千両松（伏見区横大路千両松町）方面で激戦となり、一進一退の戦いが繰り広げられたのだが、多くの犠牲者があった。試衛館以来の同志である井上源三郎が戦死したのも、このときのことである。

井上は隊士と堤の上に放置されていた大砲を撃っていたが、敵の反撃を避けて堤の下に逃れたものの、流れ弾が腹部に当たり、倒れてしまった。井上の甥で隊士となっていた井上泰助は、これを見て源三郎の遺体の首を落とし、刀とともに引き揚げようとしたが、あまりの重さに堪えかね、淀小橋に近い安政年間（一八五四～六〇）に廃寺となっていた欣浄寺の門前に埋め、隊士とともに敗走したという。

翌六日、新選組は橋本（大阪府枚方市楠葉付近）で会津藩兵・旧幕遊撃隊・同京都見廻組とともに、八幡（京都府八幡市）方面から進撃する新政府軍を迎撃した。しかし、淀川対岸の山崎に布陣していた、友軍のはずである津藩兵が突然の砲撃を開始したため、正面と横からの攻撃に旧幕軍は持ちこたえられず、全軍が大坂へ敗走するのだった。

新選組をはじめとする旧幕軍が大坂城へ戻った七日、全軍の指揮を執るべき徳川慶喜の姿はなかった。前夜、会津藩主で元京都守護職の松平容保、桑名藩主で元京都所司代の松平定敬（容保の弟）のほか、少数の幕閣とともに城を去り、海路で江戸へ帰還しようとしていたのである。

主のいない城内では主戦論が叫ばれ、近藤も土方にともなわれて登城して籠城を訴えた。しかし、慶喜はあらかじめ旧幕軍の解兵を命じており、旧幕臣は江戸へ、諸藩兵はそれぞれの国許へ帰ることとなるのだった。

三日から六日までの戦いで、受傷後の死者を加えると、新選組の犠牲者は二十人を数えた。

新選組の江戸帰還

新選組の東帰には旧幕艦が用意されており、近藤らの負傷者は富士山丸に、無傷の永倉らは順動丸に乗船して江戸へ向かうこととなって、一月十日に順動丸、十一日に富士山丸が江戸を指して兵庫を出港する。

富士山丸はその日、紀州の由良（和歌山県日高郡由良町）沖に碇泊し、大坂から陸路を東帰する旧幕兵や会津藩兵を乗船させ、ふたたび江戸へ向かう。

山崎烝の水葬の有無については異論もあるようだが、このとき治療のため由良から富士山丸に運ばれた京都見廻組の隊士二人が船中で死亡し、水葬に付されたという記録があることから、千両松の戦いで重傷を負った山崎が水葬された可能性は高い。

順動丸は十二日に品川へ入港し、永倉ら六十数人の隊士たちは品川宿の立場茶屋である釜屋（東京都品川区南品川）に入り、ここを仮の屯所とした。

また、十四日に横浜に入港した富士山丸は、重傷者を仮病院とされた幕府のフランス語伝習所に入院させている。彼らには介護役の隊士が配されており、その隊士を加えた総数は二十人ほどだったと思われる。

富士山丸は十五日に品川港へ入ると、乗船していた近藤・土方らは下船し、治療の必要な近藤や沖田ら六人が、浜御殿（東京都中央区浜離宮庭園）にあった海軍の病院で治療を受けている。

その翌日、近藤は土方とともに江戸城に登営しているのだが、城内で鳥羽・伏見の戦いについて尋ねられ、土方が「戎器は砲にあらざれば不可……」と、もはや刀や槍で戦う時代ではないと語ったのは、このときのことだ。十八日に近藤は沖田をともなって、神田和泉橋（東京都台東区台東）の医学所へ入院することとなる。

富士山丸に同乗していた負傷者は三十人前後だったようだが、六人以外は入院の必要のない微軽傷者であり、その一人だった斎藤一は十九日に、ほかの隊士は二十七日に医学所で治療を受けたことが記録されている。

鳥羽・伏見の戦いの開戦前に約百五十人を数えた新選組の隊士は、戦死者のほかに脱走などもあったが、百十数人が江戸の土を踏んでいた。

ストーリー⑧ 甲陽鎮撫隊の出陣

甲陽鎮撫隊の敗北が、新選組の分裂を招いた

甲府城接収計画

慶応四年（一八六九）一月二十日、旧幕府は新選組の宿舎として大名小路鍛冶橋内（千代田区丸の内）にある、前年十二月まで若年寄をつとめていた高鍋藩の秋月種樹の元役宅を用意した。

この屋敷に品川宿の茶屋釜屋に入った隊士たちが移ったのは二十三日のことである。次いで二十八日には近藤勇に同行して、医学所で治療を受けた微軽傷者が移り、横浜の仮病院に入院していた隊士たちは、二月二日には医学所へ転院した。

新選組の態勢は整いつつあったが、旧幕軍を大坂に残したまま江戸に帰った徳川慶喜は、十二日になると新政府に恭順の意を示すため、上野の寛永寺塔頭の大慈院へ引き移り、謹慎生活を始める。正式発令は京都見廻組にあったのだが、新選組にも慶喜の警備が命じられ、彼らは半隊交代で十五日より二十五日まで、寛永寺のある東叡山の外周を見回った。

しかし、新選組はすでに次なる行動を定めており、土方歳三は甲州地方を偵察するための要員を派遣するよう、十三日に日野の佐藤彦五郎へ依頼していた。甲府は幕府の直轄地であり、その甲府城を接収する計画を立てていたのだ。

西国を鎮撫した新政府は、東海・東山・北陸の三道に征討軍を派遣した。中山道を進む東山軍が、下諏訪宿（長野県下諏訪町）から合流する甲州街道に道をとれば、江戸日本橋まで五十三里二十四町（約二一〇キロ）と近い。それを防ぐために要衝の甲府を確保し、新政府軍を食い

とめる必要があり、また、江戸が攻撃された場合には慶喜を迎え入れる心積もりもあったという。

十七日の『金銀出入帳』に「甲州行三人渡す」として三百両の支出が記録されている。偵察要員に支払われた、甲州（甲府）へ行くための資金と思われる。彼らからの報知を受けてのことと思われるが、隊士が動いたのは二十七日のことで、大石鍬次郎に「甲州行」として十両が支給され、大石はその日のうちに早駕籠で八王子宿を通過している。

同日、新選組は江戸城で軍資金二千四百両余を受領しているのだが、このことは旧幕陸軍総裁の勝海舟、同じく直前まで会計総裁だった大久保一翁らが認めた正式な任務であることを裏付けるものであり、翌日には大砲と小銃も引き渡される。そして、二十八日には四十九人の隊士と二十一人の仮隊士に総額五百九十五両の手当を支給し、これに傷の癒えた隊士数人も加わり、彼らは「甲陽鎮撫隊」と名乗って江戸を出発するのだった。

柏尾の戦いでの敗退

先発隊は三十日に内藤新宿に宿泊し、ここで浅草の弾左衛門の配下にあった俄仕立の兵百人と合流すると、翌三月一日には本隊を迎え、甲州街道を進軍した。このとき近藤は大久保剛と名乗って駕籠に乗り、断髪して洋装の土方は内藤隼人と名乗って馬上にあった。

一日は府中宿（東京都府中市）に泊まり、近藤は日野の佐藤彦五郎を招いて加勢を要請し、二日の日野通過時に佐藤家に立ち寄って、彦五郎を隊長とする春日隊と名付けられた農兵二十余人を加え、その日は駒木野関所（八王子市裏高尾町）を越えて与瀬宿（神奈川県相模原市相模湖町）に泊まった。三日の宿泊地の猿橋宿（山梨県大月市猿橋町）からの進軍中、東山道軍の分遣隊が明日にでも甲府へ進出するとの報を受け、甲陽鎮撫隊は駒飼宿（甲州市大和町）に宿陣した。

翌日正午ごろ、土方は援軍を求めて江戸へ走った。神奈川の旧幕部隊菜葉隊のもとへ向かったとするものもあるが、菜葉隊は慶応元年に江戸城西ノ丸の警備の任にあって、神奈川にはいない。

土方は翌六日早朝に日野の佐藤家に立ち寄ってから江戸へ向かったが、援軍を要請した部隊については明らかではなく、わずかに浅草本願寺に駐屯する彰義隊に接触した形跡を残すのみである。

　一方、近藤は駒飼宿から勝沼宿（甲州市勝沼町）へ部隊を進めたが、戦闘が間近に迫り恐れたためか、弾左衛門の配下の大半の兵が脱走してしまい、総員は百二十人ほどに減少していた。隊士たちも援軍がないままに戦うことを拒んだが、近藤は方便として会津藩の援兵が猿橋宿まで進軍中と嘘を吐き、隊士たちに出陣を承知させたのである。

　近藤は勝沼宿の東側の入口である等々力に関門を設け、甲斐の古刹である大善寺を本陣に充てようとしたが、同寺が徳川家縁の寺院だったため、その西側に位置する柏尾の白山平に本陣を置くのだった。

　大善寺と白山平は近いのだが、その間に日川へ注ぐ深沢川が流れている。甲州街道は大善寺を過ぎると坂を下って深沢川の柏尾橋を渡り、ふたたび柏尾坂（観音坂）を上って白山平に至るルートとなっていることから、近藤は柏尾橋を落とし、柏尾坂の上に二門の大砲を据え、その背後に陣取った。

　そして、白山平左手の、日川を渡った岩崎山に永倉の部隊を配し、右手の菱山方面には斎藤の部隊を置いたが、永倉と斎藤に割ける隊士は十数人に過ぎなかったようだ。日野の春日隊は永倉とともに岩崎山を守備し、本陣の守りは原田である。六日朝、甲府から進軍してきた新政府軍は等々力の関門を突破し、正午には本陣への攻撃が開始された。

　しかし、大砲の扱いに不慣れな隊士たちは、榴弾と散弾を取り違えて発砲するという失敗を犯してしまった。炸薬を詰めた榴弾を撃つべき正面の敵に向かって散弾を撃ち、散弾を撃つべき岩崎山へ榴弾の火口を切らずに撃ってしまい、その効力を失っていたのだ。

　岩崎山では地元で駆り集めていた猟師たちが、守勢になると逆に永倉らに発砲したため、春日隊とともに退却に追い込まれてしまった。

　斎藤が守備する菱山方面は一気に抜かれ、本陣はたちまち側面と正面、さらには岩崎山からの攻撃を受ける。敵兵が本陣に迫って近藤に危機が迫ったが、仮隊士の佐々木一が敵中に斬り込み、近藤は危うい命を救われたという。

　戦闘はわずか二時間で終わった。新選組は加々爪勝之進と上原栄作、春日隊では白石五六郎の戦死者を残して、甲陽鎮撫隊は敗走するのだった。

新選組の分裂

敗走する近藤は途中の吉野宿（相模原市緑区）で迎撃を試みるが、虚言によって戦闘に巻き込まれた隊士たちは聞く耳を持たず、七日には八王子宿まで退いた。永倉と原田が隊士たちを引き止めるが、戦意を失った彼らは動こうとはしなかった。

吉野宿で土方と再会したと思われる近藤は、八王子宿で永倉・原田と出会う。このとき近藤は、『浪士文久報国記事』によると「同志のギ（儀）は永倉新八、原田左之助両人に任せる」、『新選組奮戦記』によると「隊士は永倉氏と原田氏にお任せいたした」との言葉を残し、一足先に江戸へ向かったという。

この言葉が新選組の分裂を生むことになる。永倉と原田は隊士の信頼を失った近藤が、新選組の全権を委任したものと受け取ったのだが、近藤は江戸までの隊士の取りまとめを依頼したに過ぎなかったのである。

九日の朝に八王子宿を出立した永倉と原田が、十日に集合場所として指定した本所（江東区森下）の大久保忠恕邸に行くと、近藤も土方もいない。隊士もわずかに十人ほどが集まっているのみだった。

永倉と原田は隊士たちが吉原遊廓（台東区千束）で戦の疲れを癒していることを知り、大久保邸の隊士たちと吉原へ出向き、彼らと今後について相談した。その結果、会津へ投じようということとなり、翌日、医学所にいた近藤と面会して合議の結果を伝え、同行を提案する。すると、近藤は怒気を浮かべて拒絶した。

近藤は新選組を委任した覚えはない。それを自分の与り知らないところで会津へ投じることを決議するなど、あきらかに越権行為なのだ。「拙者の家来となって働くというならば同意も致そう」（『新選組奮戦記』）と、上下関係を明らかにするよう迫った。

永倉も原田も、これまで近藤とは同志であっても、主従関係にあったとは考えていない。面談は決裂した。

永倉と原田は新選組を去り、永倉の旧友である元松前藩士で、現在は旧幕臣の養子となっていた芳賀宜動とともに靖共隊を結成し、北関東から会津を転戦することとなる。しかし、彼らに従った隊士は数人であり、大半の隊士は近藤と行動をともにする道を選んだのだった。

ストーリー⑨ 近藤勇の最期

新選組の再起の途中、新政府軍に投降した近藤の最期

新選組の再起

近藤勇は新選組を一つの戦力として再起させてから、会津へ向かうことを考えていた。永倉新八や原田左之助のように、敗残の身のまま会津へ落ちることは、局長としての矜持が許さなかったのだろう。

近藤は斎藤一に負傷者を託して会津へ先発させると、再起の場所と定めた五兵衛新田（足立区綾瀬）の名主見習である金子健十郎方へ向かった。金子家では寝耳に水の出来事だったが、慶応四年（一八六九）三月十三日に先発隊、十四日に近藤一行、十五日に土方歳三の一行が現れると、連日のように隊士たちが金子家を訪れた。このとき近藤は、大久保大和と名乗っている。

靖共隊となった隊士、会津へ先発した隊士を除くと、近藤のもとに残ったのは四十人ほどであり、大半が江戸で募集した新入隊士である。その人数は十五日までに百七人、十八日には百二十人となり、金子家では一族の家や、菩提寺の観音寺に隊士たちを分宿させたが、四月一日には二百二十七人を数えるまでになった。

この間の三月二十四日、旧幕奥医師で医学所の頭取でもあった松本良順が、五兵衛新田を含む淵江領代官の佐々井半十郎の手紙をたずさえて近藤のもとを訪れていた。近藤と松本良順は元治元年（一八六四）以来の知己であり、慶応元年には京都で再会し、江戸帰還後は医学所で世話になり、この金子家を手配したのも、良順だったとされている。

良順が持参した手紙は、佐々井から近藤への返書だった。この二十一日には隊士総数が百四十六人となってお

り、鳥羽・伏見の戦いを迎えたときの隊士数に匹敵している。このころのことと思われるが、近藤は人数的には新選組の再起を果たせたものとし、彼らに戦闘訓練を施すために、日光街道や奥州街道の江戸の入口にあたる千住宿（足立区千住）に近い五兵衛新田から、それに相応(ふさわ)しい土地への移動を願い出ていたのだった。

　江戸に進入した新政府軍は部隊を北関東に派遣しており、千住宿は彼らが通過し、宿とされることもあった。二百人を超える武装集団の存在が、いつまでも知られずにいるはずがない。

　移転先は幕府の直轄地だった、下総流山(ながれやま)（千葉県流山市）である。流山には京都所司代だった桑名藩の御用商人で、地廻酒問屋を営む鴻池の屋敷（流山市流山）があった。「地廻」とは江戸周辺の産物を江戸に運び込むことで、その酒問屋を営んでいたのだという。桑名藩が手配したのか、会津藩が仲介したのか、新選組は流山を次なる再起の場所としていたのだ。しかし、佐々井が上司を通じて旧幕陸軍奉行並の松平太郎に申し入れた結果、五兵衛新田への残留が指示された。陸軍奉行並の意向は、陸軍総裁である勝海舟の意向でもあった。

　さらに近藤は移転を訴えたが、二十九日の返書も同じだった。意を決した近藤は無許可のまま流山への移転を行う。駐留の準備を行う先発隊が一日、本隊が二日に五兵衛新田を発ったようだ。金子家が新選組のために支出した金額の合計は三百四十二両であり、これに対する新選組の謝礼は二千疋、つまり金五両に過ぎなかった。

近藤勇の出頭

　新選組が流山での本陣とした鴻池の屋敷は、当時の主を長岡三郎兵衛といい、儀兵衛の名を襲名していた。そのため鴻池儀兵衛、長岡儀兵衛とも記録されているが、同一人物である。隊士たちは鴻池のほか、鴻池に近い光明院と流山寺に分宿していたが、ほかの分宿先の有無については判明していない。

　流山転陣に先立つ三月三十日、宇都宮藩の危機を知った新政府軍は、四月一日に板橋宿（板橋区本町ほか）を出陣すると、その日は千住宿に宿営し、二日には日光街道を進んで粕壁(かすかべ)宿（埼玉県春日部市粕壁）から杉戸宿（埼玉県杉戸町）にかけて宿陣した。そこで流山に武装集団進出との情報を受け、三日未明には全軍を二分して一軍は宇都宮へ、水戸の香川敬三の率いる一軍は三輪野江（埼玉県吉川市）と下花輪（流山市）を結ぶ羽口の渡しで江戸川を渡って、流山北方に待機する。

そして、薩摩藩士の有馬藤太が斥候となって偵察を行い、武装集団の存在を確認すると、その報告を受けた新政府軍は小銃に弾丸を装填して流山市街へと進んだ。この日、新選組は近くの飛地山（流山市平和台）で野外訓練を行っており、本陣には近藤・土方ら数人の隊士が残っているばかりだった。

本陣が新政府軍によって包囲されたのは、正午ごろのことである。本陣に出向いた有馬に土方ら三人の隊士が応接し、屯集の目的を江戸からの脱走兵の取り締まりと、一揆の噂があったための鎮撫と応じたが、それらは新政府軍の役目であり、速やかな武装解除を命じた。

もはや逃れる道はなかった。近藤はすでに切腹を決心していたが、それを土方が引き止める。現場に居合わせた近藤芳助によると、土方は近藤に「ここに割腹するは犬死になり。運を天に任せ、板橋総督府へ出頭し、あくまで鎮撫隊を主張し、説破するこそ得策ならん」（『新撰組往事実戦談書』）と訴えた。旗本の大久保大和が流山鎮撫の目的で出張したことを主張せよ、というのだ。

これに応じた近藤は、新政府軍へ出頭することになるのだが、すでに大久保大和が近藤であることを指摘する声があった。前後を兵に固められた近藤が、越谷宿（埼玉県越谷市）の新政府軍本営に到着したのは夜になってのことだ。流山から同行した野村利三郎も近藤とともに捕縛され、翌日には二人とも板橋の総督府へ護送されることとなる。

土方は近藤救出のため、相馬主計らとともに江戸へ潜行し、流山の隊士たちは百人ほどが会津へ向かい、残りは脱走してしまった。

近藤勇の最期

近藤は四日に板橋宿の本陣（板橋区仲）に置かれた総督府に送られたのだが、そこに不運が待っていた。大久保大和の正体は近藤ではないかと指摘されていたが、確証はなかった。しかし、御陵衛士残党の加納鷲雄と武川直枝と改名していた清原清が、薩摩軍に従って板橋に駐留していたのである。

この二人によって、その日のうちに近藤の正体は暴かれてしまい、従軍していた旗本の兵に近藤は預けられ、五日、七日と総督府の取り調べを受けると、野村とともに板橋宿平尾の脇本陣である豊田家（板橋区板橋）に収容され、旗本の岡田家の監視下に置かれた。また、五日に土方から板橋に派遣された相馬も、近藤と面会することなく捕らえられてしまう。

　のちに近藤の首切り役をつとめる岡田家武術指南役の横倉喜三次によると、近藤には足枷（あしかせ）がはめられ、野村と相馬は縄を打たれて、それぞれ別室に閉じ込められていたという。

流山で出頭した近藤勇は、板橋宿の総督府に送られ、斬首となった。寿徳寺境外墓地には近藤勇と土方歳三をはじめとする隊士たちの供養塔がある。

　二十五日、近藤は板橋宿の「馬捨て場」という、文字どおり死んだ馬や、病気で動けなくなった馬を捨てる広場に引き出された。周囲には竹矢来が結ばれ、見物人が群集していた。そのなかで近藤は横倉によって首を落とされ、三十五歳の生涯を閉じるのだった。

　偶然、近藤の甥で、近藤の娘の婿養子となる宮川勇五郎がその現場を目撃し、実家の宮川家に駆け戻り、二十八日には親族らとともに首のない近藤の遺体を刑場から発掘すると、宮川家の菩提寺龍源寺（東京都三鷹市大沢）に埋葬したとされる。また、処刑直後に地元の有力者が新政府軍より刑場からの改葬を命じられ、現在も新選組供養塔が建つ寿徳寺境外墓地に埋葬したともされる。

　近藤の首はただちに京都へ送られ、閏四月八日から十日まで三条河原に晒（さら）され、その後は東山の霊山の中腹に埋められたという。

　なお、野村と相馬も処刑されるはずだったが、近藤の嘆願によって他家へ預けられ、のちに脱して海路を北上し、陸軍隊の隊士として蝦夷地（えぞち）（北海道）へ渡航することとなる。

第二部

滅びの美学

転戦そして土方の死、終焉へ

新選組を率いた近藤勇は、新政府軍に出頭し、
命を絶たれる。だが、土方歳三をはじめとする
新選組隊士たちは、徳川家に対する
「尽忠報国」の心を失わず、抗戦を続ける。
後退を余儀なくされるなか、会津城が落ちると、
土方は榎本武揚に出会い、蝦夷に新天地を求めた。
新政府軍との激しい戦いのなか、
土方は銃弾に倒れる。
それは新選組の最後でもあった。

ストーリー⑩ 北関東への転戦

宇都宮で負傷した土方は、会津城下へ送られる

宇都宮城の攻防

慶応四年（一八六九）四月三日に近藤勇が流山で新政府軍に出頭すると、土方歳三は救出のため江戸へ潜行し、旧幕陸軍総裁の勝海舟と、同若年寄の大久保一翁にこれを依頼した。勝の四日の日記に「土方歳三来たる。流山転（顚）末を云う」（『海舟日記』）と記録されている。

その内容は不明だが、勝は書面をしたため、翌日にはそれを土方に従っていた相馬主計が板橋の総督府に持参する。しかし、相馬は捕らえられ、近藤の処遇に変化はなかった。

前夜、流山から軍資金を運んできた島田魁らと今戸（台東区今戸）で合流した土方は、甲陽鎮撫隊の出陣まで宿舎としていた、鍛冶橋内にあった秋月種樹の元役宅に身を潜めている。その後、ふたたび今戸に移り、江戸城が新政府軍に無血開城される十二日の前夜、島田魁・中島登・畠山芳次郎・沢忠助・松沢乙造・漢一郎とともに、土方は小梅村（墨田区向島）を経て江戸を脱した。

近藤はまだ救出されておらず、土方は旧幕臣で天然理心流の門人だった福田平馬に推移の確認を依頼している。勝の日記は、十四日に福田が訪れたことを「大和のこと頼み置く由」（『海舟日記』）と記録する。

土方の目的地は下総鴻之台（千葉県市川市国府台）の総寧寺である。江戸開城を前に、抗戦派の旧幕諸隊は総寧寺に集結しており、十二日の朝までにその数は二千人を数えるまでになった。彼らは市川の大林院（市川市真間）で軍議を開き、全軍を統括するため旧幕歩兵奉行の大鳥圭介を総督とし、目的地を徳川家の聖地というべき

日光（栃木県日光市）に定めている。全軍は前・中・後の三軍に分割された。

土方は会津藩士で伝習第一大隊長だった秋月登之助を総督とする、前軍の参謀に選出され、伝習第一大隊・砲兵隊・回天隊、それに桑名藩士による桑名隊からなる約千人とともに、その日のうちに鴻之台を出立し、小金（千葉県松戸市小金）から布施（柏市布施）を経て、利根川を渡って十五日に水海道（茨城県常総市）へ進んだ。

そして、十六日には秋月が四百の兵を率いて一万石の下妻藩（茨城県下妻市）を、土方は二百五十人を率いて二万石の下館藩を十七日に下す。どちらも小藩であり戦火を交えるまでもなかった。

次の標的は七万七千石の宇都宮藩だ。北進した前軍は桑名隊の先鋒軍、伝習第一大隊の中軍、回天隊の後軍に分割され、十九日早暁より周辺の敵と戦いながら進軍した。土方の率いる先鋒軍は城東の梁瀬橋を突破して下河原門へ、秋月の中軍は北方の中河原門と今小路を攻略し、後軍の回天隊は城南から南館門に迫った。

下河原門の攻防は激戦となり、その恐怖から逃れようとした従兵を、土方はその場で斬って捨て、「退却する者は誰でもこうだ」（『聞き書き新選組』）と大喝して兵を励ましたという。『桑名藩戊辰戦記』にも「土方歳三は歩兵の退くを見て、進め進めと令しつつ、逃げる者一人を斬り倒す」とあって、これは事実だったようだ。

なお、土方は数日後に、旧知で同門だった八王子千人隊として日光勤番中の土方勇太郎に、この兵士の墓碑建立を依頼したと伝わる。

旧幕軍と新政府軍の間で激戦が繰り広げられた宇都宮城址（宇都宮市）。近年、城址の整備改修が進み、櫓が復元されるなど、宇都宮城址公園として市民の憩いの場として親しまれている。

戦いは午後二時ごろまで続けられたが、ついに土方らは下河原門を突破して城内に突入し、五時には二ノ丸に銃砲弾が届くようになり、守備兵は建物に火を放って城北の大手門より退却するのだった。

前軍とは別のルートを進軍し、鹿沼（栃木県鹿沼市）へ向かっていた大鳥の中・後軍は、その途上で前軍の宇都宮城攻略を知り、翌二十日に全軍は宇都宮で合流することとなる。

宇都宮での激戦で被弾した土方歳三

宇都宮の旧幕軍は一五キロほど南西にある壬生（みぶ）城攻略を決定し、二十二日には新政府軍と戦闘を繰り広げるが、多くの犠牲を出して敗走した。そのなかには遅れて江戸を脱し、旧幕軍を追って、後軍の七聯隊に合流した靖共隊の姿もあった。

翌二十三日午前九時ごろより、新政府軍は宇都宮城への攻撃を行う。城の西に設けられた六道口の関門を突破すると、城西の松ケ峰門に集中攻撃を行ったが、反撃を受けて正午ごろには六道口へと退いた。

このとき土方は桑名隊とともに、城北の明神山に布陣していたが、援軍要請を受けて桑名一番隊を率いて城内に戻った。このときの戦いで土方は足に被弾した。

土方が足を負傷したこと、負傷したのが足指であることも知られているが、左右どちらの足であったかについては、唯一『天極記』が「土方は右の足の足指に銃創を受

今市宿から日光東照宮に続く街道沿いに植えられた杉並木は、世界最長の並木道として知られる。今市口で旧幕軍と新政府軍が戦った痕跡は杉並木にいまも残る。

け……」とするのみである。

右の足指に銃弾を受けた土方は、やはり腹部に被弾した秋月とともに城外へ運ばれ、今市宿(日光市今市)まで護送された。

その後も防戦を続けた旧幕軍だが、増強された新政府

会津若松城下にある七日町は城の北西部に位置する。会津西街道はじめ、越後街道、米沢街道が通じていたため、多くの旅籠で賑わった。清水屋もその一つ。往時の面影が町並みにいまも残る。

軍の前に劣勢となり、ついに全軍は夕刻を待って城を捨て、今市方面へと敗走する。以後、彼らは会津軍と合流し、今市口や藤原口で戦いを継続することとなる。

二十四日正午、土方は江戸から同行していた島田魁・中島登ら六人の隊士に守られ、秋月とともに会津西街道(下野街道)を北上し、会津城下を目指した。この少人数による土方個人の守備隊が、のちに蝦夷地での「守衛新選組」として機能することとなったようだ。

今市を発した土方の一行は二十六日に田島陣屋(福島県南会津町)に到着するが、近藤勇が板橋で処刑されたのは、その前日のことである。一行は二十九日に城下七日町(会津若松市大町)にある旅籠の清水屋に入り、ここに新選組は再結集した。総員は百三十余人とされる。

この清水屋に投宿中、江戸を脱してきた旧幕臣の一行と同宿となり、その一人である望月光蔵と面談し、ともに戦うことを求めた。しかし、望月は、自分たちは文官であり、戦うことはできないと応じたため口論となったという。このとき負傷のため自分が戦えないことに苛立ちがあったのか、土方は望月に枕を投げ付けたというエピソードが伝わっている。

ストーリー⑪ 母成峠の戦い

会津藩を襲う新政府軍に抗し、土方は援軍を求めて動く

白河城の奪還戦

　江戸の今戸から斎藤一に率いられて会津入りした新選組の負傷者は、会津藩より天寧寺（会津若松市東山町）を宿所として与えられ、流山から会津入りした隊士も合流したと思われる。新選組が天寧寺に近藤勇の墓碑を建立したのは、その関係があってのことだろう。

　その後、彼らは猪苗代湖南岸の赤津村（郡山市湖南町）に移り、白河方面への出陣を想定して訓練を重ねていたようだ。その途中で会津入りした土方歳三と再会し、慶応四年（一八六九）閏四月五日に会津藩より白河（福島県白河市）への出陣命令を受けている。受傷していた土方は東山温泉（会津若松市東山町）で湯治生活に入り、山口次郎と名乗っていた斎藤一が隊長格として新選組を率いた。三代村（郡山市湖南町三代）に陣を移し、二十一日に白河へ向けて出立するのだが、会津藩はこの日、幕府が棚倉藩に管理を命じていた白河城を接収した。

　白河城には少数の新政府軍のほか、新政府の討伐令を受けた会津藩に同情的な仙台・二本松藩ほかが守備していたが、彼らには戦意はなく、ほとんど無抵抗のまま城を明け渡すのだった。このような東北二十五藩が結束して翌々月の五月三日に成立したのが奥羽列藩同盟であり、六日には北越六藩が加わり奥羽越列藩同盟となる。

　四月二十二日に白河へ到着した新選組は翌日より白坂関門（白河市白坂）の守備についたが、二十五日に新政府軍の白河攻撃があり、会津軍はこれを撃退したものの、新選組では菊地央と横山鍋二郎が戦死し、板橋で近藤勇の正体を暴いた御陵衛士残党で、薩摩軍に従っていた清

原清（武川直枝）も戦死している。その後、新選組はふたたび白坂関門の守備につき、二十九日には仙台藩兵と交代し、市中にあった脇本陣の柳屋で休陣した。

新政府軍による第二次白河攻撃があったのは五月一日のことで、このときに繰り広げられた城南方の戦いは白河戦最大の激戦となった。会津・同盟軍側の戦死者は七百人とされ、新選組の伊藤鉄五郎は布陣していた黒川口（西白河郡西郷村）で戦死し、新選組は勢至堂峠を経て、二日には三代に逃れて陣を休めた。

この戦いによって会津藩は白河城を失い、会津軍は同盟軍とともに五月二十六日、二十七日の両日に奪還戦を挑むが、敗走を余儀なくされる。新選組はふたたび三代に戻り、島田魁らの負傷者は臨時病院とされた福良の千手院（湖南町福良）に入院している。

このとき松平容保より藩主の座を継いだ松平喜徳が、白河方面の戦況視察のため、白虎一番・二番士中組を率いて湖南に出張し、二十九日に福良の本陣である武藤家へ宿泊した。新選組に謁見が許され、六月三日には斎藤以下が出向き、九日には喜徳みずからが福良病院へ足を運び、島田らに二十五両の見舞金を与えている。

翌四日、新選組は福良の本陣で喜徳の閲兵を受け、六日にはまたも白河攻撃のため出陣し、十二日にも白河奪還戦に加わるが、ふたたび敗走して福良に引き揚げた。

傷の癒えた土方が戦線に復帰したのは六月下旬のことで、新選組は七月一日に最後の奪還戦に加わるのだが、土方がこれに同行した形跡はない。

母成峠を敗走した旧幕府軍

白河の奪還は不可能となり、北上する新政府軍は七月末に会津東方にある同盟軍の二本松藩を下すこととなる。湖南の村々に休陣していた新選組と、伝習第一大隊・回天隊に湖北の猪苗代城下への出陣が要請され、彼らは八月十八日に出立すると、翌日には二本松藩との藩境にある将軍山の母成峠（福島県耶麻郡猪苗代町）の警備を命じられる。土方はこれにも同行しておらず、十七日には福良本陣の武藤家にとどまっていたことが確認されている。

母成峠には山頂に本陣、中腹にも複数の陣が設けられていたが、新選組が伝習第一大隊とともに布陣を命じられたのは、山頂からややはずれた勝岩（郡山市熱海町石莚）という、間道の伊達路に備えた場所だった。大鳥圭介は新選組に「人数も少なく撤布の法もよろしからず」（『南柯紀行』）と、みずから兵の配置などについて指示を下しているが、これも新選組を率いていたのが二十五歳と年若い斎藤だったからだろうか。

二十一日午前十時、新政府軍の攻撃が開始され、中腹の台場が突破され、勝岩の陣も背後からの攻撃を受けて隊士たちは敗走する。午後四時には本陣にも危機が迫り、全軍は散乱しながら猪苗代方面へと退却するのだった。この戦いで新選組は木下巌・千田兵衛・小堀誠一郎・鈴木練三郎・漢一郎・加藤定吉という隊士を失っている。

福良にとどまっていた土方が猪苗代方面へ向かったのは、母成峠に砲声が響いてからのことと思われ、敗戦を知った土方はその夜、湖南の中地村（湖南町中野）と御霊櫃峠（郡山市逢瀬町多田野）の会津藩陣営に援軍を要請したが、彼らが動くことはなかった。母成峠から殺到した新政府軍は二十二日に猪苗代城下を突破し、二十三日には戸ノ口原、次いで滝沢峠の会津軍を破って城下へ侵出し、ついに会津藩は籠城戦に突入することとなる。

滝沢峠が敗れ、土方は優勢に抗戦を続ける庄内藩へ援軍要請に向かったが、すでに同盟の米沢藩は降伏に傾いており、城下の通過を許さなかった。そのため土方は同盟の仙台藩へと向かい、旧幕艦隊を率いて江戸を脱した旧幕海軍副総裁の榎本武揚と出会うこととなる。

如来堂を守護した隊士

母成峠を敗走した旧幕軍は塩川（福島県喜多方市塩川町）付近に集結し、新選組もこれに合流した。会津軍や同盟軍とともに北越戦線に戦っていた、旧幕歩兵差図役頭取の古屋佐久左衛門が率いる衝鋒隊も同様だった。籠城戦を繰り広げる会津藩は城下に入った新政府軍、各地の藩境を突破した新政府軍を相手に、苦戦を強いられていた。

九月四日、城下北西の高久村（会津若松市神指町）方面の守備についていた衝鋒隊は、会津藩より小荒井村（喜多方市松山町村松）への援軍派遣を要請され、如来堂村（会津若松市神指町）守衛の二小隊が出陣する。この手薄となった如来堂の守備についたのが、斎藤一ら十三人の隊士と十人ほどの歩卒である。

斎藤の言葉に「今、落城せんとするを見て志を捨て去る、誠義にあらずと知る」（『谷口四郎兵衛日記』）があり、

如来様を祀るお堂があることから如来堂という地名が生まれた。会津城下の西方に往時を思わせる堂宇がたたずむ。境内には新選組殉難地と刻まれた石碑がたつ。

これを如来堂への布陣時のものとする見方もあるが、このときに旧幕軍は会津藩を見捨ててなどはいない。

衝鋒隊は会津藩の要請に応じて転陣し、斎藤らはその代替要員として如来堂に布陣したのである以上、このときの言葉でないことは明白である。

この言葉が発せられたのは、母成峠の敗戦後に旧幕軍が軍議を開いたときのもので、今後の方針に対する斎藤の意思表示だったのである。また、このとき土方はすでに庄内藩へ援軍要請に向かっており、当然、土方に対してのものでもない。

如来堂の戦いは、『島田魁日記』などは九月四日のこととしているが、これは如来堂へ移動した日であって、実際の戦闘は五日に勃発していた。

その日、城下から小荒井方面に出動した新政府軍は、途中の如来堂に敵影を発見すると攻撃を行った。これによって、「味方二十余人の小勢故、ほかに防禦の術なく尽く死す」（『島田魁日記』）と、全滅を伝えているのだが、斎藤らは散乱したに過ぎず、新選組の本隊に戻ることができないため、城西を流れる阿賀川西岸でゲリラ戦を展開中の会津藩兵に合流するのだった。

如来堂に布陣した十三人のうち、十一人までの名前が判明しているが、戦死した者は少数で斎藤のほか、清水卯吉・久米部正親・吉田俊太郎・池田七三郎（のちの稗田（ひえだ）利八（りはち））・河合鉄五郎・志村武蔵（しむらたけぞう）の七人が現場を脱出していたことが確認されている。戦死したと思われるのは、高橋渡（たかはしわたる）・新井破魔男（あらいはまお）・小幡三郎の三人のみである。

ストーリー⑫　蝦夷地平定

仙台で再生された新選組は、旧幕軍とともに蝦夷地へ向かう

五稜郭の占拠

抗戦を続けていた旧幕軍だったが、武器弾薬も兵糧も乏しく、それらを補給するため、同盟の盟主的存在である仙台藩へ向かった。出立は明治元年（一八六八）九月九日、仙台に到着したのは十四日から十五日にかけてのことだったようだ。

九月一日に仙台城下に入った榎本武揚は、すでに土方歳三と意見を交換しており、三日には仙台城での同盟軍の軍議に土方を同行し、土方の総督就任を提案していた。土方は就任にあたっては、生殺与奪の権を与えるよう申し入れたが、それは藩主の専権事項であるとの意見によって見送られてしまった。

仙台藩は抗戦派が実権を握っていたが、相次ぐ同盟諸藩の降伏により恭順派の勢力が伸張し、ついには藩論が覆ってしまう。十二日、土方と榎本は登城して藩論の変更を迫るが、恭順派の重臣が聞き入れるはずもなく、仙台藩は十五日に降伏を願い出ることとなる。

会津からの旧幕軍も仙台に到着してその事情を知ると、榎本の旧幕海軍と合流し、蝦夷地（北海道）を新たな戦場とすることを決した。この間の九月八日、新政府は「慶応四年」を「明治元年」と改めている。東北平定を見越した、いわば勝利宣言である。

土方は仙台へやってきた隊士に、蝦夷への渡航、仙台での投降という二つの道を選ばせた。戦意のない隊士を渡航させても役には立たない。あるいは、会津戦争を戦い抜いた隊士たちを、もはや縛り付けたくなかったのかもしれない。その結果、五十人ほどの隊士は渡航と投降

の半々に割れた。そのため『島田魁日記』には「当隊二十余」とあり、これでは部隊の体をなさない。

しかし、土方には妙案があった。当時、仙台には桑名藩主の松平定敬、備中松山藩主の板倉勝静、唐津藩世子である小笠原長行の一行も滞在していたが、随従の藩士は各藩二、三人とされ、それ以外の隊士の進退は自由とされた。困惑する藩士たちを、新選組に誘ったのが土方である。

家臣としてではなく、新選組隊士となれば戦闘員であり、蝦夷渡航が可能となるのだ。これによって桑名藩から二十七人、松山藩から八人、唐津藩から二十三人、ほかに伝習隊からも三十人が加わり、新選組は百人を超える部隊として再生されたのだった。

仙台から松島（宮城県松島町）、次いで石巻（宮城県石巻市）に移った旧幕軍が、折浜（石巻市折浜）から蝦夷地へ向かったのは十月十二日のことだった。大鳥圭介が率いる旧幕軍と旧幕艦隊に乗船していた陸軍二千二百数十人、これに海軍を加えた三千人を乗せた七艦は、最新鋭艦の開陽を旗艦として北上し、内浦湾鷲ノ木沖を目指した。

五稜郭（函館市）は江戸末期、箱館郊外に建造された稜堡式の城郭。箱館奉行所が置かれ、旧幕軍の本拠となった。箱館戦争で焼失したが、現在、五稜郭公園内に奉行所は再建され、観光スポットになっている。

艦隊はほぼ全艦が二十日に内浦湾へ到着し、二十一日には土方らが鷲ノ木浜（北海道茅部郡森町）に上陸すると、大鳥が総督となって、内陸部の本道を新選組ほかの部隊を率いて五稜郭を目指し、土方は額兵隊・衝鋒隊・陸軍隊・守衛新選組とともに、海岸線沿いの間道を五稜郭へ進んだ。

本道軍は途中で新政府の箱館府兵や、蝦夷地唯一の藩である松前藩兵らの攻撃を受けたが、これを撃退する。この二十四日の七重村（亀田郡七飯町）の戦いで、仙台で新選組に加わった唐津藩士で、小笠原長行の弟である三好胖と、その従者の小久保清吉が戦死し、新選組の蝦夷地最初の犠牲者となった。

この敗戦に府知事以下は青森へ脱出し、間道軍も内陸部に入った川汲峠（函館市川汲町）で斥候の府兵の銃撃を受けたものの、戦いとは呼べないほどのもので、二十六日には両軍とも無人となった五稜郭への入城を果たした。

松前藩攻略

五稜郭占拠の二日後の二十八日、土方は松前攻略軍を率いて出陣した。彰義隊が先発隊として先行し、本隊は額兵隊・陸軍隊・工兵隊・砲兵隊・守衛新選組、これに後軍として衝鋒隊が続く。総員七百人という大部隊だった。

新選組本隊は大野村（北斗市）の守備についており、攻略軍には加わっていない。すでに土方は新選組という枠を超えて、旧幕軍全体の幹部の立場にあったのだ。攻略軍は十一月一日、松前領に入る知内村（上磯郡知内町）に宿陣すると、松前藩兵の夜襲を受けたが、これを撃退して福島村（松前郡福島町）から荒谷村（松前町荒谷）に進出し、五日早暁に松前城下へ進軍した。

松前城の東方一キロほどにある及部川を挟んで、午前七時ごろより戦闘が開始され、十一時には松前藩兵を退却させる。松前沖では回天と蟠龍の旧幕艦も攻撃に加わろうとしたが、蟠龍は風浪のため箱館に引き返し、回天も砲の狙いが定められず、民家を焼いただけで攻撃を断念した。

城下に殺到した攻略軍は、城東五〇〇メートルほどの高台にある法華寺に大砲を引き上げ、城下町を挟んで松前城に砲撃を浴びせる。

やがて、彰義隊が城門に迫ると、藩兵は門を開いては大砲を撃ち、閉じては砲弾を装塡し、また開いて発射するという作戦を用いたため、突破することが難しかったという。しかし、松前藩側の記録によると、このときの戦いでは、垣根の隙間から相手を狙撃したとあるのみで、事実関係は疑わしい。

ただし、膠着状態にあったことは事実で、それを打開するため土方は陸軍隊と守衛新選組を率いて、手薄となっていた城の裏手に廻り、梯子を使って石垣を乗り越え、背後から攻撃した。これによって城中は大混乱となり、午後一時ごろに城中に火を放って西門から退却するのだった。

こうして松前城は陥落するのだが、日野の佐藤家の伝承をまとめた『聞きがき新選組』に、この戦いの最中に、侍女に守られて民家に潜んでいた藩主夫人が発見され、土方はこれを隊士の松本捨助と斎藤一諾斎を随行させ、江戸まで送り届けたというエピソードが紹介されている。しかし、このとき藩主もその夫人も松前城にはおらず、また、松本捨助と斎藤一諾斎は仙台で降伏しているので、もちろん事実ではない。

ところが、遊撃隊の人見勝太郎は『人見寧履歴書』で、城中奥の仏間に藩主の家族や侍女が潜んでいたという出来事を記しており、その希望に沿って藩主がいる弘前（青森県弘前市）へ送り届けたとの記述を残していた。おそらく、このような事実が、いつしか佐藤家では土方のエピソードとして誤伝されてしまったものと思われる。

松前藩主の松前徳広はこのとき、事前に竣工間近の館村の新城（檜山郡厚沢部町）に避難していた。しかし、この城も五稜郭から江差（檜山郡江差町）に通じる内陸部の鶉山道（国道二二七号）を進軍した、旧幕軍の一聯隊によって落とされ、松前から敗走する藩兵とともに江差から乙部村（爾志郡乙部町）に走り、さらには熊石村（爾志郡八雲町）から和船で平舘（青森県東津軽郡外ヶ浜町）へ逃れた。

熊石に残された松前藩兵四百余人は降伏し、青森への渡航か蝦夷地への残留かの希望が叶えられ、旧幕軍への加入を希望する者もあり、彼らは護送隊と名付けられて松前の警備にあたることとなる。蝦夷地唯一の藩である松前藩を下し、ここに旧幕軍による蝦夷地平定がなるのだった。

しかし、十五日に援護のため江差沖へ回航していた旧幕艦の開陽が暴風雪に襲われ、榎本武揚らの乗員は脱出したものの、座礁後に沈没してしまっていた。その一艦で津軽海峡の制海権を握ることができたという最新鋭艦の損失は、旧幕軍とって大きな誤算であり、これがのちの宮古湾海戦の伏線となるのである。

ストーリー⑬ 宮古湾海戦

陸軍奉行並の重責を担った土方は、新政府艦「甲鉄」を宮古湾に襲う

陸軍奉行並に選任された土方

松前を攻略した土方歳三が箱館に凱旋したのは、明治元年（一八六八）十二月十五日のことである。この日、箱館では各国領事や船将、箱館の有力者を招いての蝦夷地平定の祝賀会が開かれ、箱館港とそこに設けられた弁天台場（函館市弁天町・入舟町）から百一発の祝砲が放たれ、五稜郭でもこれに応じた。軍艦は五色の旗で飾られ、夜になると町々は数多くの提灯で彩られたという。

旧幕軍にはこれまでおおよその役割分担がなされていたが、組織として正規の役職は置かれていなかった。これを士官以上による選挙で定めることとなり、二度の入れ札が行われた。一度目に候補者の選出、二度目に候補者の役職を定めたようだ。

その結果、一度目で最高得点となった榎本武揚が総裁、次点だった松平太郎が副総裁、以下、大島圭介が陸軍奉行、荒井郁之助が海軍奉行、永井尚志が箱館奉行となり、陸軍奉行の選出で大鳥に次いだ土方歳三が陸軍奉行並に選出された。土方にはほかに、箱館市中取締と裁判局頭取という役職が与えられている。市中取締は京都以来の職務であり、裁判局は軍律違反を裁く部署だ。

この役職が入れ札という選挙によって選ばれたことから、この組織を「蝦夷共和国」とするものもあるが、彼らは蝦夷地を開拓し、北門の警備を行いながら、「旧主家」である徳川家の血統から盟主を迎え、新たに〝蝦夷藩〟として独立することを目的としていた。つまり、君主制を維持するつもりであって、共和制の国家の樹立が目的ではなかったのである。

なお、投票日については、この十五日のほか、二十二日、二十八日とする記録もある。あるいは、十五日に候補者の選出、二十二日に役職の決定、二十八日にはその他の役職の選挙があったのかもしれない。

また、陸軍奉行には十六人の奉行の添役と十五人の添役介が付属し、各隊の実力者が就任しており、新選組からは添役に相馬主計と安富才助（やすとみさいすけ）、添役介に野村利三郎が選出されている。

新政府軍の北上

旧幕軍の箱館占拠の報が東京に届くと、新政府は十一月に早くも千人を超える軍勢を、イギリスとプロシアよりのチャーター船で南部領山田湾（岩手県下閉伊郡山田町）に送ると、上陸した軍勢は陸路を青森へ向かった。

さらに新政府軍は増強され、翌明治二年一月には、長州・岡山・久留米ほか六藩の兵二千七百人を送り込み、二月には六千三百人が津軽半島周辺に滞陣する。蝦夷地の雪解けを待って、旧幕軍への反撃を行う計画だった。

陸軍だけではなく、海軍も諸藩より軍艦と輸送船を供出させると、品川沖に集結させた。新政府艦隊に有力艦はなかったが、装甲艦「甲鉄（こうてつ）」のみは例外だった。

甲鉄はアメリカ南北戦争（一八六一〜六五）中に南軍がフランスに発注したものだ。実戦に用いられることはなく、渡米した幕府の使節団が慶応（けいおう）三年（一八六七）四月に購入を決定した。しかし、甲鉄が横浜へ回航された慶応四年四月には、戊辰戦争が繰り広げられていたため、アメリカは局外中立の立場から旧幕府・新政府どちらへの引き渡しも拒絶する。だが、戊辰戦争の帰趨が明らかとなった翌年一月、新政府は甲鉄の入手に成功したのである。開陽を失った旧幕軍にとって、脅威となる存在だった。

明治二年三月十五日、旧幕軍に新政府艦隊北上の報が届けられる。元来が幕府の軍艦であり、敵の戦力を削いで自軍の戦力とするため、旧幕海軍は甲鉄の接舷奪取作戦を計画した。

太平洋岸を北上する船は、旧幕艦隊もそうであったように、本州最北の良港である宮古湾（岩手県宮古市）に碇泊して、物資の補給を行うのが常だった。新政府艦隊もそうするはずであり、碇泊中の甲鉄の両舷に旧幕艦が並行接舷し、陸兵が移乗して甲板を制圧したうえで、箱館港まで曳航して自軍の艦船にしてしまおうというのである。接舷を意味する「アボルダージュ」作戦だ。そのため、作戦は甲鉄乗員総員の起床前、つまり午前四時前の機関が停止しているときに行う必要があった。

接舷作戦の失敗

三月二十日深夜、回天・高雄・蟠龍の三艦は箱館を出港した。

回天は両舷に動力の水車がある外輪船で、水車が邪魔するため並行接舷には不向きであり、役割は接舷する高雄と蟠龍の援護と作戦の検分にあった。そのため陸軍を代表して土方が陸軍奉行添役の相馬主計、同添役介の野村利三郎とともに回天に乗船し、援護を行う彰義隊と神木隊の隊士四十人が乗船していた。また、高雄には神木隊の二十三人、蟠龍には彰義隊と遊撃隊の二十人が移乗要員として乗り込んでいる。

三艦は南下を続けたが、二十二日に鮫港（青森県八戸市鮫町）への寄港後に暴風雨に見舞われて散乱し、蟠龍は脱落してしまった。しかし、回天と高雄は二十四日に宮古湾南方約四〇キロにある、山田湾大沢港にたどり着いた。土地の者に聞くと、新政府艦隊はたしかに宮古湾に集結しており、回天と高雄の二艦での作戦決行が決断されるのだった。海軍の全員起床である「総員起こし」は午前四時半であることから、午前四時を決行時刻とし、出港は二艦の速力を勘案して二時とされた。

しかし、出港直後に高雄の機関が故障し、速力が五分の一ほどに落ちてしまった。高雄の速度に合わせると、宮古湾到着は大幅に遅れてしまう。回天は単独での作戦決行を決断する。

回天はアメリカ国旗を掲げて宮古湾に入り、鍬ヶ崎港に碇泊する新政府艦隊に接近した。折良く甲鉄は外洋側に碇泊しており、他艦に遮られる状態ではない。回天は甲鉄を目指し、国際法に触れないよう、直前で星条旗を日章旗に代えた。

ところが、高雄のトラブルによって時刻は四時半を過ぎていたため、甲鉄の乗員は起床しており、その様子を甲板上から見物している有り様だった。それでも回天は甲鉄に接近し、一度は失敗したものの、二度目には甲鉄の左舷に、回天の右の船首を接舷することに成功した。並行接舷ではなく、一点接舷だ。

並行であるからこそ、一度に多数が移乗できるのだが、一点ではそれが限られてしまう。しかも、回天の甲板は甲鉄のそれよりも三メートルも高く、当然のことながら陸兵は躊躇した。一番に甲鉄に飛び移ったのは、海軍一等測量の大塚浪次郎だ。軍艦役の矢作沖麿がこれに続き、彰義隊の笹間金八郎・加藤作太郎・伊藤弥七、軍艦役並の渡辺大造、そして野村利三郎も甲鉄に移乗した。

しかし、甲鉄の甲板には乗組員が待ち受けており、移乗した七人のうち、回天に帰還できたのは重傷を負った伊藤と、辛うじて無事だった渡辺の二人のみで、野村は帰還できなかった。野村の最期について、中島登は「甲鉄艦中に花々しく討ち死にせり」(『戦友姿絵』)とするが、仙台で入隊した桑名藩士の石井勇次郎は「まさに退かんとするや、敵その背を衝く。水中に没す」(『戊辰戦争見聞略記』)としている。どちらが事実なのだろうか。

回天は甲鉄や他艦からの銃撃を受け、艦長の甲賀源吾が側頭部に被弾し、ほかに十二人が戦死した。負傷者は相馬ら三十余人とされる。

開戦からわずか二十分で回天は敗走し、二十六日に箱館へ帰港したが、高雄は艦隊に追われ、羅賀(らが)海岸(岩手県下閉伊郡田野畑村)に乗り上げて自焼し、乗員は降伏する。また、蟠龍は箱館へ帰り着いていた。

旧幕軍側の記録によると、犠牲者の多くは甲鉄が搭載する、連射砲のガトリング砲の猛威によるものとされているが、陸戦用のガトリング砲が甲板に置かれていたはずはない。事実、甲鉄乗員の山県小太郎は「『ガットリング』砲にあらず、小銃をもって射撃せり」(『薩藩海軍史』)としている。二十七日、旧幕軍は海戦での犠牲者の葬儀を営み、新選組は野村の墓碑を称名寺に建立した。

新政府軍の甲鉄艦を奪取するため旧幕軍の回天艦が襲った宮古湾(宮古市)。ここより以北に良港はないため、寄港していると想定しての作戦だった。

ストーリー⑭ 新選組の終焉

箱館戦争で土方は銃弾に倒れた。蝦夷地で終わった新選組の戦い

第一次二股口防衛戦での土方の決意

新政府軍が雪解けを待って攻勢に転じることは当然だったが、どこに部隊を上陸させるかまではわからなかった。そのため旧幕軍は五稜郭と箱館のほか、各地の海岸線沿いに警備陣を配する必要があった。

一方、新政府軍は第一次上陸部隊として千五百の兵を用意し、明治二年（一八六九）四月五日午後二時に青森を出港し、翌日午前二時、江差の北方、乙部沖に到着、夜明けを待って上陸という計画を立てていた。

しかし、悪天候のため計画は遅れ、陸兵を乗せた新政府艦隊が出動したのは、八日の午前十時半ごろのことだった。上陸地点に変更はなく、この間に部隊は千八百人に増員されていた。

九日午前八時過ぎ、乙部への上陸が開始された。乙部には一聯隊の見張りが派遣されていたが、敵艦来襲を江差に報じるため無人となっており、上陸に支障はなかった。その間に江差から一聯隊三小隊が駆けつけたが、上陸を終えていた兵の攻撃を受けて退却している。上陸した部隊は、海岸線を進む松前口軍と、内陸部を箱館へ向かう鶉山道を進む厚沢部口軍とに分かれ、進軍を開始するのだった。

新政府軍上陸の報はその日のうちに五稜郭へ届けられ、ただちに土方歳三は衝鋒隊二小隊と伝習歩兵隊一小隊を率い、鶉山道の途中の二股口（北斗市村山）へと出陣した。その日は市渡村（北斗市市渡）に宿泊するのだが、そこで土方は同行している陸軍奉行添役の大野右仲と大島寅雄に対し、思いのほどを伝えている。

味方の人数には限りがあるが、敵には限りがない。一時の勝利を得られても、ついには敗れざるをえないが、「しかるに吾所に任ぜられ敗るるは、武夫の恥なり。身をもってこれに殉ずるのみ」（『函館戦記』）と、二股口の防衛に命を懸けることを宣言したのだ。

　翌日、二股口に到着した彼らは台場山に陣営を構築した。旧幕軍はフランス軍人らを「教師」として帯同しており、その一人であるフォルタンの指揮によるものだ。台場山の山頂には本営の「上ノ台場」が、さらに「中ノ台場」「通ノ台場」「下ノ台場」が、昼夜兼行の作業によって二日間で構築された。その数は十六にものぼったという。

　台場山の中腹には鶉山道が走るのみで、一方は樹木が生い茂り、一方は険しい崖になっている。敵はそこを進むほかなく、胸壁に守られながら銃砲を撃ち下ろすことができるという、防衛には絶好の立地だった。台場山西方にある天狗岳にも胸壁を設けて前線とし、一小隊を配した。防衛拠点というよりも、敵を台場山に引き寄せるための捨て石だったようだ。十二日に稲倉石（檜山郡厚沢部町）に到着した新政府軍は、十三日の正午過ぎより天狗岳の攻撃を開始する。

　このとき土方は市渡へ戻っており、大島寅雄も報告のためか五稜郭へおもむき、現場に残っていた大野右仲の指揮によって防衛軍は応戦した。大野は騎兵を市渡に派遣するとともに、天狗岳を突破した新政府軍が接近するのを待って、台場山から一斉攻撃を行った。

　日没になって雨が降り出したが、戦闘は継続された。このころには土方も駆けつけていたことだろう。守備兵たちは弾丸が濡れるのを防ぐため、上着を脱いで弾薬箱を覆い、それでも湿ってしまった銃弾は懐に入れ、乾かしては撃ち続けた。

　戦いは夜を徹して行われた。午前六時になって、二股口の突破を断念した新政府軍は稲倉石へと撤退する。十六時間もの戦闘だった。防衛軍の陣地には空の薬莢（やっきょう）が無数に転がっており、『麦叢録』によると、その数は三万五千個にも及んだという。

　戦いを終えて、その日のうちに土方は五稜郭へ戻ったようだ。そして、新選組から「土方付属」となっていた市村鉄之助（いちむらてつのすけ）を呼ぶと、箱館を落ちるように命じた。このとき土方が託したのが、「写影および鬢髪数根ならびに絶命の和歌一首」（『両雄士伝補遺』）だった。現在も日野の佐藤家に伝わる上半身の写真と、遺髪、それに辞世の和歌である。

　十五日に五稜郭を脱した市村は、土方が手配していた外国船に乗り込み、何らかの事情で出航が遅れたものの、数日でおそらくは横浜に到着したものと思われる。『聞きがき新選組』によると、市村が日野の佐藤家を訪れたのは七月初旬とのことだが、実際にはもっと早い時期だったのではないだろうか。

二股口の戦いで土方歳三が指揮をとった台場山の古戦場跡（北斗市）。穴を掘り、周囲に盛り土をした胸壁跡などが残り、いまも戦いの凄まじさを感じさせる。

　市村が伝えた土方の辞世は、明治三十年に脱稿された『両雄士伝補遺』によると「たとい身は蝦夷の島根に朽つるとも魂は東の君やまもらん」というものだが、その二十三年前に記された『両雄逸事』には「よしや身は蝦夷が島辺に朽ちぬとも魂は東の君やまもらむ」とある。当然、『両雄逸事』の辞世が本来の辞世であることはいうまでもない。

第二次二股口防衛戦は無念の撤退

　一方、松前口では九日に上陸した新政府軍は、江差を守備する一聯隊に海軍が艦砲射撃を行って退却させると、翌日には松前口軍を二分して、一隊を箱館と松前の中間地である木古内（上磯郡木古内町）へ進軍させた。松前口軍が海軍の援護を受けて松前を攻撃したのは四月十七日、第一次二股口戦が終わった三日後のことである。艦砲射撃を浴びた松前守備陣は、その後に続く陸兵の攻撃を受け、木古内方面へと敗走した。

　しかし、木古内には木古内口軍が進出しており、二十日夜には大鳥圭介が出陣したものの、海陸からの攻撃を避けるために矢不来村（北斗市矢不来）への撤退を余儀なくされ、二十五日には矢不来を放棄する。海岸線に沿った旧幕軍は、一時的に勝利を収めることはあったものの、すべて艦砲射撃とそれに続く陸兵の攻撃によって敗北を喫するのだった。

十六日に仙台の見国隊四百人が旧幕軍に合流し、人員に余裕が生じたため、衝鋒隊二中隊と伝習歩兵隊二小隊も投入された二股口で第二次の防衛戦があったのは、二十三日夕刻のことである。まず小戦があり、夜になって本格的な攻撃が始まった。

敵の陽動作戦に動揺する味方に、土方は「退く者あればこれを斬る」（『函館戦記』）と督励し、ふたたび夜戦に突入する。彼らは沢の水を汲んだ桶を手許に置き、数発撃っては熱を帯びた銃身を水で冷やしながら応戦した。この戦いは「蝦夷陸軍の戦い最も烈しき事、これに過ぐるなし」（『島田魁日記』）と評されるほどの激戦だった。二十五日午前二時まで戦いは続けられ、新政府軍が六時に行った砲撃を最後に、二股口の戦いは終わりを告げた。

二股口は不落の陣を誇ったが、いったん回復した矢不来の陣が二十九日に落とされると、五稜郭は土方に撤退を命じる。新政府軍が箱館方面に進軍し、有川付近から北上すると、二股口と五稜郭を結ぶ弾薬・兵糧などの運搬ルートが遮断され、二股口の陣が孤立してしまうためだ。命令を受けた土方は全軍に撤退を告げ、日暮れを待って市渡まで退却するのだった。

新政府軍の上陸以来、弁天台場を本陣としていた新選組は四小隊に編制されており、うち二小隊がその深夜に彰義隊に小隊・陸軍隊　小隊とともに、有川まで侵出した新政府軍の先鋒に夜襲を行っている。「官軍（新政府軍）二百余人、狼狽して敗走す」（『島田魁日記』）とのことだが、あくまでもゲリラ戦に過ぎなかった。

翌五月一日、五稜郭に帰陣したばかりの土方は弁天台場におもむいて再度の夜襲を命じると、「丣」こと佐野専左衛門の万屋（函館市大町）を宿として、四日まで滞在する。新選組は諸隊とともに二日、三日、六日、七日と新政府軍陣営に夜襲を行うが、その場所は有川から七重浜（北斗市七重浜）と、より箱館市中に近くなっていた。

土方歳三の最期

五月十一日の新政府軍による箱館総攻撃の前夜、旧幕軍幹部は武蔵野楼（函館市豊川町）という料亭で別盃を交わしていた。人見勝太郎の談話には土方の名前は出てこないが、榎本武揚・松平太郎・大鳥圭介の名前があり、その人数が「三十七、八人」（『史談会速記録』二五七輯）だったといい、陸軍奉行添役の相馬主計と大野右仲も同席していたので、土方がいなかったとは考えられない。

夜明けを前にした午前三時、五稜郭と箱館に向け、総攻撃が開始された。箱館市中には七重浜方面より陸兵が進軍し、箱館山の背後の山背泊（函館市船見町・入舟町）と寒川（函館市函館山）からは、海軍に運ばれた陸兵が上陸する。

武蔵野楼の幹部たちはそれぞれの持ち場に戻り、榎本たちも五稜郭へ走ったが、土方の姿が目撃されるのは、五稜郭から一キロほど北西にあった千代ヶ岡陣屋（函館市千代台町）でのことである。

箱館山を警備していた新選組は伝習士官隊とともに防戦するが、蟻通勘吾と粕谷十郎が戦死し、弁天台場に立て籠もる。しかし、追撃を受けた隊士たちのうち長島五郎作・乙部剛之進・栗原仙之助・津田丑五郎も戦死し、箱館奉行の永井尚志とその配下も台場に避難した。

相馬も台場に入り、五稜郭へ走った大野が千代ヶ岡陣屋へ立ち寄ったとき、額兵隊二小隊を率いて市中へ出陣しようとする土方に出会う。大野は馬首を返して土方に同行し、一本木関門（函館市海岸町）へ差し掛かると、市中から敗走してくる伝習士官隊に遭遇した。

土方は彼らを引き止め、反撃を命じようとしたとき、箱館港で新政府艦隊と海戦を行っていた蟠龍の砲撃が、敵艦朝陽の弾薬庫に命中する。轟音をあげて沈没しようとする朝陽を見て、土方は大野に「この機、失するべからず」と反撃を命令し、「吾、この柵にありて退く者は斬らん」（『函館戦記』）と大喝するのだった。この時刻を甲鉄に乗船していた曾我祐準は「時計を見ましたら、ちょうど午前七時三十五分でありました」（『史談会速記録』二〇四輯）としている。

大野に率いられた額兵隊と士官隊の進撃は、士官隊を追った敵兵を異国橋（豊川町）付近まで後退させる。『島田魁日記』はこのことを記し、次に土方が「敵丸、腰間を貫きついに戦歿」と続けたため、土方の異国橋戦死説が生まれたのだが、土方は「吾、この柵にありて」とされるように、反撃時には一本木関門を守備していたのだ。

大野以下が反撃すると、機関を損傷したため箱館港の海岸に乗り上げ、砲台として応戦していた回天が陸からの攻撃を受け、乗り組んでいた海軍奉行の荒井郁之助は戦いを断念して、乗員とともにボートで脱出する。そして、一本木関門に近い浜に逃れようとすると、七重浜方面からの敵に気付かれ、攻撃に晒(さら)されようとした。

若松緑地公園（函館市若松町）にある土方歳三最期地の碑。この付近にあった一本木関門を守備していた馬上の土方は、一発の銃弾によって、安らぎの時を迎えることになった。

土方は関門に残る兵を率いて荒井らの上陸を援護し、彼らが無事に五稜郭方面へ走るのを見届けると、ふたたび関門に戻った。そのとき、馬上の土方の腹部を一発の銃弾が貫いた。再反撃を受けて関門に敗走した大野は、土方の姿がないことを不審に思いながらも千代ヶ岡陣屋へ立ち寄る。すると、そこに添役の大島寅雄と安富才助がおり、土方の戦死を知らされるのだった。

五稜郭より日野の土方家に戦死を報じた十六日付の安富の手紙には、「隊長死せられければ」として「早き瀬に力足らぬか下り鮎」の一句が添えられている。

新選組の終焉

弁天台場には朝陽を轟沈させ、砲弾のすべてを撃ち尽くし、海岸に乗り上げた蟠龍船将の松岡磐吉以下の乗員も逃げ込んでいた。彼らのほかに砲兵隊の人数もあって、新選組と箱館奉行以下を加えた総数は二百四十余人である。台場は周囲七一〇メートルの不等辺六角形で、大砲十五門を備え、五稜郭と同じく元治(げんじ)元年（一八六四）に完成していた。

箱館市中を制圧した新政府軍は海陸より台場に砲撃を加え、十二日は「砲台終日銃戦烈しといえども勝敗を決せず」（『戊辰戦争見聞略記』）という激戦を展開する。しかし、台場内の水を汲み置く瓶は破損し、もちろん兵糧が補給されることもない。籠城兵たちは、渇死した馬の肉を食べて飢えを凌いだという。

十三日も午前中は砲撃が続けられたが、午後になって砲声が止み、新政府軍より降伏を勧告する使者が送られてきた。台場では五稜郭と相談のうえで返答する旨を申し入れ、永井尚志と松岡磐吉が五稜郭へおもむいたが、やはり降伏勧告の使者を送られていた五稜郭では、衆議のうえで抗戦を決しており、永井らも同意して台場へ戻るのだった。

翌十四日、五稜郭の榎本武揚は新政府軍に対し、台場とともに和議を拒絶する返書を送る。この日、相馬も五稜郭へ出向いて榎本の決意に耳を傾けるが、台場では衆議に従うこと、それが榎本の意に反する場合もあることを伝えて帰った。もはや台場が抗戦をつづけることは不可能であり、台場に戻った相馬は降伏を決意する。『太政官日誌』に「この夕、弁天崎賊兵、力尽き勢いに屈して降伏を乞う」とある。

これによって作成されたのが、台場籠城隊士の名簿である。表紙に「明治二巳年五月十五日　新撰組」とあり、相馬を筆頭に九十二人の隊士と、十一人の歩卒の名前などが記されている。このうち五年前の池田屋事件時に在隊していたのは、わずかに島田魁と尾関雅次郎の二人のみだった。弁天台場は十五日に正式降伏をするが、これに先立って相馬は永井より新選組の隊長に任命されていた。先の名簿に、相馬は「五月十五日より新撰組隊長」とされている。

五稜郭とともに旧幕軍の最後の拠点の一つとなっていた、箱館奉行並の中島三郎助の守備する千代ヶ岡陣屋が壊滅させられたのは十六日のことであり、十七日には榎本も降伏を決意し、十八日午前七時に榎本は松平太郎・大鳥圭介・荒井郁之助とともに五稜郭をあとにして、正式に新政府軍の軍門に下った。

五稜郭の旧幕兵は午後一時に市中の寺院などに収容され、四時には五稜郭が接収された。

こうして新選組の最後の戦いは終焉を迎え、新選組の六年二カ月に及ぶ歴史に終止符が打たれたのである。

第二章

新選組の強さの秘密

組織力

**京都守護職松平容保の下、
その名を轟かせた新選組は、
「副長助勤制」と「組頭制」の二つを
使い分けた組織だった。
その差はどこにあるのか。
幕末の京の政治情勢に謎を解く鍵がある。**

平時の編制は「助勤制」を有事には「組頭制」を採る

新選組の前身である壬生浪士組の組織は、局長―副長―副長助勤というラインで出発した。

新入隊士の募集を開始した文久三年（一八六三）四月の編制では、副長助勤に沖田総司、永倉新八、原田左之助、藤堂平助、井上源三郎、平山五郎、野口健司、斎藤一、佐伯又三郎という壬生浪士組結成時の隊士が就任し、平間重助が勘定方をつとめている。

これは結成時の隊士と新入隊士を区別するのみの編制であり、隊士数が五十人を超えた六月ごろの編制では、尾形俊太郎、松原忠司、安藤早太郎という新入隊士が副長助勤に就任している。また、諸士調役という隊士や浪士の行動を監察する役職も設けられた。

この副長助勤の下に平隊士が位置するのだが、この段階はあくまでも身分の上下を示すもので、各副長助勤に直属の部下が所属する形態ではなかったようだ。

その後、メンバーの異動はあるものの、副長助勤の下に平隊士が位置するという編制は、翌元治元年（一八六四）六月の池田屋事件までは確実に継続していた。

その後も副長助勤制は続けられたが、同年十一月には副長助勤を「組頭」と改める新編制が行われた。それが第一次の『行軍録』である。

この『行軍録』では、隊士たちは一番から八番までの小隊に編制され、組頭は一番から順に沖田総司、伊東甲子太郎、井上源三郎、斎藤一、尾形俊太郎、武田観柳斎、松原忠司、谷三十郎がつとめ、九番に相当する小荷駄方を原田左之助が率いた。

このときより各組頭に直属の隊士が所属するようになった。ただし、隊士総数は七十人ほどで、各組の平隊士は五人が基本とされ、出動時には諸士調役と勘定方も小荷駄方に付属するシステムだったようだ。

翌慶応元年（一八六五）には五月に江戸と京坂から大量の入隊者があり、隊士総数が百五十人ほどになったため再編が行われた。山崎烝の『取調日記』所収の隊士名簿がそれだ。

格式の高い勅願寺である壬生寺（京都市中京区）。隊士たちは境内で兵法調練を行った。

このときに組頭を補佐する「伍長」の職が設けられ、組頭の下に二人の伍長と平隊士十人が付属することが基本形とされたようだ。一番から八番と九番の小荷駄という小隊数に変化はなく、組頭は沖田総司、永倉新八、井上源三郎、藤堂平助、斎藤一、武田観柳斎、谷三十郎、伊東甲子太郎の八人だが、誰が何番の組頭であったかは定かではない。

これにやや遅れて作成されたのが『英名録』という名簿だが、組頭についての変動はなく、やはり九小隊制である。

さらに同年九月には、小銃隊二小隊を沖田総司と永倉新八が、大銃隊二小隊を谷三十郎と藤堂平助が、槍隊二小隊を斎藤一と井上源三郎が、原田左之助が小荷駄方を率いるという編制が行われている。第二次『行軍録』である。

しかし、これはそこに描かれた隊士数が過大であって現実性はなく、あくまでも机上のプランだったと考えられるのだが、ここでも九小隊制の基本が守られていることは注目すべきである。

慶応二年には大きく幅を見て、七月から年末にかけての名簿である『新撰組人名録』が作成された。隊士名簿では初めて伊東甲子太郎を参謀とし、三木三郎を組頭としたもので、伊東が組頭から、三木が諸士調役から昇進したことを示している。

組頭については、沖田総司、永倉新八、井上源三郎、斎藤一、藤堂平助、山崎烝、原田左之助、三木三郎、尾形俊太郎の九人であり、やはり九小隊制が守られていた。

なお、三井両替店の『新選組金談

一件』は、九月の時点で伊東が参謀、三木が組頭に就任していたことを伝えている。

このときも組頭は三木三郎、武田観柳斎、井上源三郎ほか五人とあって八小隊であり、勘定方と誤認されているが、小荷駄方の原田左之助の名前があるので、やはり九小隊制であることが確認される。

このように元治元年十一月より導入された九小隊制は、同年七月十九日に勃発した禁門の変に起因している。これによって朝廷より長州藩追討の勅許を得た幕府は、長州征伐として諸藩兵を出陣させ、十一月には長州総攻撃を断行する運びとなっていた。

この戦いは、長州藩が三家老の切腹などの幕府の降伏条件を受け入れたため、実戦には至らなかったが、新選組も出陣に備え、直属の部下を持たない副長助勤制を、直属の部下を持つ組頭制に転換したのだった。

つまり、副長助勤制が平時の編制であるのに対し、組頭制は有事に対応することを想定してのものだったのである。

鳥羽・伏見の戦い直前にとられた有事体制

幕府による長州征伐で降伏した長州藩だが、藩内にはこれを潔しとしない高杉晋作らが藩の正規軍を倒して藩政を握り、幕府に敵対する武装恭順を唱えていた。

また、幕府内でも長州再征論が起こっており、慶応元年五月には再征の達しが諸藩に下され、翌年六月には長州再征戦が開始される。しかし、幕府軍はいたるところで長州軍に敗れ、加えて十四代将軍である徳川家茂の病死もあって、幕府は勝海舟を長州に派遣し、九月には長州藩との休戦協定が結ばれることとなる。

この再征にも新選組に出陣の機会はなく、土方歳三は八月に郷里へ宛てた手紙で「当局人数出陣仕らず京都に在陣、定めて因循と世人申し候事に御坐候」と無念の思いを述べ、続けて「遠からず都において一戦もこれあるべきことに御坐候」と、新選組が臨戦態勢を崩さないことを記している。

翌慶応三年六月、新選組総員が幕臣に取り立てられる。このときの名簿には組頭ではなく、副長助勤の名称が復活しており、そのメンバーは沖田総司、永倉新八、井上源三郎、原田左之助、山崎烝、尾形俊太郎の六人である。

同年三月、御陵衛士を拝命した伊東が藤堂平助・三木三郎らの同志とともに新選組を分離したとき、新選組の間者として斎藤一が同行していた。その結果、三人の組頭が欠員となったのだが、彼らの補充を行わずにいたことになる。

長州再征戦の休戦協定は九月に結ばれたが、現実に幕府軍の解兵が命じられたのは慶応三年一月のことであり、ここに平時が訪れる。

新選組が長州出兵という有事を念頭に置いて、元治元年以降も継続させていた組頭制は意味を失い、平時の役職である副長助勤制に復されたのではないだろうか。

ただし、各副長助勤に隊士が直属するという編制は、その機動性から存続されたに違いない。かつてのように、幹部隊士と平隊士を区別する制度に戻すことにメリットはない。

幕臣取り立て時の諸士調役を除いた平隊士数は七十四人であり、伍長二人と平隊士十人という小隊の基本編制は、六人の組頭で間に合うことになる。さらに、同年十一月下旬から十二月上旬までに作成された『京都ヨリ会津迄人数』という隊士名簿にも、彼らは副長助勤として記されている。このときの平隊士数は六十三人なので、やはり問題はない。

刻々と幕府の終焉を迎えようとしていた時期だが、現実に長州藩との実戦が迫っていない以上、新選組にとっては平時だった。そのため、名目上の副長助勤制は維持されていたのだろう。

しかし、十二月九日に王政復古が宣言され、旧幕府と新政府は敵対関係となる。あるいは、このときに新選組はふたたび組頭制に復した可能性がある。

同月十八日、新選組は伏見奉行所を本陣としていたが、京都からの帰途にあった馬上の近藤勇が、伏見街道丹波橋筋で狙撃されるという事件があった。

近藤が奉行所に駆け込むと、永倉新八が「一番隊、二番隊の者はつづけ！」（『新選組聞書』）と叫びながら現場に向かったという。永倉が本来の二番のほかに「一番隊」を率いたのは、彼らを率いるはずの沖田総司が病床にあったためで、これが事実であれば、この時点では副長助勤制が組頭制に戻されていたことになる。

翌年一月三日、鳥羽・伏見の戦いが勃発し、新選組は想定上の有事ではなく、現実の有事に突入していくのである。

隊規と死

「鉄の規律」によって統率された集団が新選組だった。
隊規は生活、思想までをも律し、
守らぬ者には「死」が待っていた。
新選組の結束力の強さの秘密は、
近藤・土方の強力な指導力にあるが、
隊規の求心力にも理由がある。

増加した隊士を統率するため制定された隊規

一、士道ニ背キ間敷事
一、局ヲ脱スルヲ不許
一、勝手ニ金策致不可
一、勝手ニ訴訟取扱不可
一、勝手ニ私ノ闘争ヲ不許
右条々相背候者切腹申付ベク候也

新選組の隊規といえば、この五カ条の「局中法度書」があまりにも有名だが、実はこのような書式も「局中法度書」という名称も、当時の記録としては残されていない。

条文の書式と名称が初めて公表されたのは、昭和三年（一九二八）に刊行された子母沢寛の『新選組始末記』によってであり、そのベースとなったのは永倉新八の『新選組奮戦記』（小樽新聞連載『永倉新八』を底本）である。

そこには「第一士道を背くこと、第二局を脱すること、第三勝手に金策を致すこと、第四勝手に訴訟を取り扱うこと、四箇条を背くときは切腹を申し付くること」とあり、この隊規を永倉は「禁令」と表現している。

この条文の「第一士道を背くこと」を「一、士道ニ背キ間敷事」と、書式を当時の文言のようにリライトし、さらに新選組が元治元年（一八六四）に第一次『行軍録』を作成したさいに定めた、軍律の「軍中法度」の名称から案出されたのが「局中法度書」だ。

ちなみに、「局中法度書」の五カ条目の私闘禁止の条項は、「軍中法度」に「私の遺恨これあり候えども、陣中において宣（喧）嘩口論仕るまじき事」とある。

『新選組奮戦記』が伝える四カ条の

隊規が定められたのは、慶応元年（一八六五）五月に八十人ほどの新入隊士があり、隊士数がそれまでに倍するようになったときのことと思われる。しかし、それまでに隊士たちを律する規律がなかったはずはない。

人を殺すことは場合によっては認められる時代ではあったが、隊規に禁じられていないからといって、無目的な殺人が許されるはずはない。それは窃盗でも詐欺でも同じである。

普遍的な倫理観による自然法の遵守は当然であって、それを犯すことは規律の有無にかかわらず処罰の対象とされた。

壬生浪士組は文久三年（一八六三）四月より新入隊士を募集し、五月下旬には総員三十五人を数えるまでになる。時期的に新入隊士は京坂の在住者であり、そこに生活の拠点があったことはいうまでもない。入隊時に、それらのすべてを断ち切らなければならないとすれば、入隊を断念する者もあったはずだ。

のちの幹部隊士である谷三十郎は、弟の万太郎と大坂で槍剣術の道場を、同じく松原忠司も大坂で柔術道場を開いていた。彼らが道場を閉めてまで入隊を決意するほどのものが、身分上でも金銭面でも、当時の壬生浪士組にはなかったのである。

したがって、道場主でありながら隊士をつとめるという、いわば〝兼業〟が認められていた。谷三十郎と万太郎の兄弟は、入隊後も大坂の道場を経営しており、おそらくは松原忠司もそうだったと思われる。この時期の入隊者は既得権として、その後も兼業を認められていた。

兼業を続けるためには、京都と大坂を行き来しなければならない。道場主ではなくとも、許可を受けたうえで、一時的に入隊以前の生活拠点に戻ることは許されていたようだ。

しかし、入隊後に不満を感じたり、意に沿わないことがあれば、そのまま帰ってこないことがあっても不思議ではない。事実、そうした事例が少なからずあったようだ。

そこで生まれたのが、部外者による文久三年六月二日付の手紙にある「一旦、組入りいたし候ものは破談相成らず、絶えて離れ候わば、仲間より切害いたし候定めのよし」（『彗星夢雑誌』）という隊規だった。これは脱隊の禁止を謳っているようだが、「絶えて」というのは「ずっと」の意味であり、許された期間を無視すれば仲間が殺害するという、帰隊を定めた隊規なのである。

現実に、五月下旬の隊士名簿に名前がありながら、六月上旬の名簿に名前がない隊士は少なくない。彼らはおそらく所用と偽って他所に出て、そのまま姿をくらました隊士たちだったのだろう。

　元治元年六月に池田屋事件が勃発するが、それ以前に六十人ほどいた隊士のうち、十数人が相次いで脱走してしまった。さらに、事件直前にも八人の隊士が脱走したため、新選組の在隊者は四十人となってしまい、これが出動隊士を三十四人に減少させてしまった原因である。

　事件についての記事を載せる『元治秘録』は「壬生浪士掟は」として、「出奔せしものは見付け次第同士(志)にて討ち果たし申すべくとの定めの趣」としている。

　当然、事件以前に大量の脱走があったことから、隊士たちを牽制するために定められた隊規だ。近藤勇が事件を報じた手紙に「兵は東国に限り候と存じ奉り候」と記したのは、事件前の脱走者の大半が西国の出身者であったためである。

　九月に東下した近藤はその思いを実行に移し、伊東甲子太郎ら二十数人の新入隊士を獲得する。慶応元年四月には土方歳三も江戸で隊士を募集した。同時期に行った京坂での募集を合わせ、隊士総数は百五十人ほどになり、彼らを律するため新規に成文化されたのが、先の四カ条の隊規だったのである。

　この隊規が最初に適用されたのは、瀬山滝人と石川三郎である。二人は町家の婦人に暴行を働いたことが露見し、六月に切腹させられている。まさしく、一罰百戒の意味を込めた処分だったに違いない。

無断の脱隊者に及んだ厳しい追及の手

　ただし、脱隊禁止の条項については、正しくは「無断」での脱隊を禁じたものであり、「勝手」に、つまり個人的に金策や訴訟の取り扱いを禁じているのと同じである。

　許可がありさえすれば、新選組を辞めることはできた。それが「除隊」という制度だ。司馬良作が洋行を志願して除隊が許され、藤沢竹城は文官とされ、武芸の実力が生かせないことから除隊を申し入れ、認められたという。武田観柳斎も除隊が認められた一人だったが、京都に残って反幕活動を行ったため斬殺されている。

　除隊を「円満退社」とするならば、

「馘首」というべき放逐の処分（解雇）もあった。新選組にとって不要な隊士は放逐された。浅野薫（藤太郎）は怯懦を理由に放逐されたが、やはり武田同様に不穏な動きを見せたために殺害されている。

現実問題として、脱走した隊士を追うことは不可能であり、ほとんどの場合は追われることはなかった。しかし、手掛かりがあれば新選組は追っ手を派遣していた。

山南敬助、田中寅三、細井鹿之助の例があるが、なかでも新選組の執念を感じさせるのは、慶応元年六月に脱走した柴田彦三郎のケースだ。

柴田は京都で金策を行い、そのまま脱走した。これを知った新選組は、柴田の変名、顔立ち、服装などを詳述した人相書を作成して四人の隊士に追捕を命じている。柴田の逃走先を知った経緯は不明だが、彼らは出石（兵庫県豊岡市出石町）まで追い、出石藩の郡役人の協力を得て柴田の身柄を確保した。

しかし、その場で柴田を処分することはなく、京都の屯所まで連れ帰り、そのうえで切腹させているのだ。当然、隊士たちへの見せしめである。

壬生浪士組時代から、鳥羽・伏見の戦い直前まで、隊規に違背して切腹あるいは斬首の処分を受けたのは十二人だったと思われる。

ほかに新選組を分離した伊東甲子太郎の同志四人が、伊東らに合流するため、脱隊を会津藩に直訴したものの聞き入れられず、みずから切腹するという出来事もあった。

これは伊東らが分離するさいに、新選組とのあいだに「互いに脱隊して新選組より御陵（衛士）へ、また御陵より新選組へ附属を願う者あるも決して許すべからず」という約定を交わしていたためである。この約定は島田魁が伝えたもので、このようなことが「しばしばありたり」（『近藤勇の事』）というので、先の十二人以外にも同様の事例があったようだ。

新選組は組織を維持するため、隊士たちに命を懸けることを求めた。それは身一つで入隊した彼らには、幕臣や諸藩士のように先祖代々の守るべき家柄はなく、担保されるのが命だけだったからである。

孝明天皇の御陵守護の任を拝命した伊東甲子太郎ら御陵衛士が屯所とした月真院（京都市東山区）。

資金力

先立つものなくして活躍はできない。しかし、新選組への資金の支給は、けっして十分なものではなかった。新選組は資金不足解消のため、豪商たちから資金提供を受けた。〝強奪〟と思われがちだが、意外に彼らは〝誠実〟だった。

新選組隊士たちのサラリーは高額だった!?

新選組隊士の月給は高額だったとされている。

これは永倉新八が、文久三年（一八六三）八月十八日の政変に出動したさいの働きが認められ、幕府より「隊長は大御番頭取とよばれ手当が月に五十両、副長は大御番組頭で手当は四十両、副長助勤は大御番組というて手当は三十両、以下の同志もそれぞれ名称と手当を附され、平組員でさえ大御番組並と呼ばれ月の手当十両ずつ給されることとなった」（『新選組奮戦記』）としたことに起因している。

まず、彼らの身分についてだが、「大番組」というのは将軍に拝謁を許される御目見以上、つまり旗本の身分である。慶応三年（一八六七）六月に新選組の総員が幕臣に取り立てられ、近藤勇はこのときに旗本とされたが、土方歳三は御目見以下の御家人だった。平隊士も当然、そうである。

次に局長が五十両、副長が三十両、平隊士が十両の月給を与えられていたという。永倉新八という元幹部隊士の貴重な証言として、現在でも取り上げられることがあるが、これも事実ではない。

当時の一両の価値を現在に置き換えることは、生活様式から価値観までが違いすぎるので不可能だ。しいて米貨換算で算出するとすれば、三万円から四万円に相当するようだ。すると、局長の月給は百五十万円から二百万円、平隊士でさえ三十万円から四十万円が支給されていたことになってしまう。

新選組の給与は会津藩を通じて「浪士金」として支給されたが、『東西紀聞』所収の文久三年十月の手紙は、「一人一カ月金三両ずつ、会津候よりお渡し（中略）この節は六十人ほど罷りあり」と記す。一人の隊士に月額三両、隊士数が六十人ほどというので、総額で約百八十両の浪士金が支払われていたことになる。

もちろん、平等に三両ずつを受け取っていたわけはない。組織の運営資金も、毎日の食費も必要であり、幹部隊士が平隊士と月給が同額だったはずもない。当然、平隊士の月給は三両を下回り、あるいは二両に満たなかった可能性もある。

元治元年（一八六四）六月の池田屋事件で、隊士たちは褒賞金を受け取ると、「大名になった、大名になった」（『新選組遺聞』）と大騒ぎしたという。その金額は土方隊に所属し、池田屋屋内に突入した隊士に各十七両、屋外の警備を行った隊士に各十五両が支給されているのだが、普段から十両の月給であれば、倍にも満たない金額であり、そこまで大騒ぎするほどのものではない。これが二両程度だったからこそ、「大名」になったのである。

その後も給与に大きな変動があった様子はなく、慶応二年の新選組との接触を記録した『新選組金談一件』には「頭分月シ両、平月セ両宛の御手当にこれあり……」とある。「シ両」「セ両」は、この文書を伝える三井両替店の符丁で、「シ」は「十」、「セ」は「二」を意味している。

つまり、「頭分」の幹部隊士には月額十両、「平」の平隊士には月額二両が支給されていたことになり、平隊士の待遇が文久三年時と同額であったことがわかる。

新選組の出納簿である『金銀出入帳』に慶応三年十一月十四日に支払われた月給の総額が「三百五十七両三分」が「手宛」と記録されている。当時の隊士数は仮隊士以下を除くと九十人ほどだったので、単純計算で一人分は約四両ということになるのだが、高額であるはずの幹部隊士の給与も含まれているので、平隊士は三両程度だったと思われる。

土佐海援隊隊長の坂本龍馬が姉に送った手紙に、「五十人もやしな（養）い候えば、一人に付き一年どうしても六十両くらい……」は必要であることが記されている。月額五両だ。海援隊士は自給自足が原則だが、新選組は「食」と「住」が保障されており、それを考慮すれば平隊士の月額三両は妥当なものとなるだろう。

いずれにしても、平隊士の月給が十両というのは現実離れした金額だったのである。その可能性があったとすれば、鳥羽・伏見の戦いを経て江戸に帰還してからのことと思われる。局長の五十両、平隊士の十両という月給は、おそらくその最高額を示したものだったのだろう。

資金調達を支えた豪商に対する〝誠実さ〟

壬生浪士組時代の文久三年四月、彼らは大坂の平野屋五兵衛方で百両の金策をし、夏用の衣類を調えるとともに、「ダンダラ羽織」を作製した。このとき近藤らが差し出した「口上書」に、もし天下の浪士と名乗って金子を無心する者がきた場合は、自分たちに届け出れば「きっと埒明け申すべきもの也」と記している。

その翌々月、彼らは大坂で浪士が横行しているとの連絡を受け、ただちに下坂して浪士を捕らえると、奉行所に引き渡した。これは平野屋と直結するものではないだろうが、大坂商人とくくれば、「きっと埒」を明けたことになる。

同年七月四日、やはり大坂の鴻池善右衛門方で二百両と三十両の二口の献金を受けているのだが、その二日前には大坂で石塚巌という浪士を殺害している。

石塚は六月下旬に鴻池方から三千両の金策を計画していたが、鴻池ではとりあえず五両の包み金を渡して時間を稼ぐと、ちょうど在坂中だった壬生浪士組に報じた。その結果、彼らは石塚を殺害し、鴻池では二百三十両を「武器料」として献金したのだった。ここでも彼らは「埒」を明けたのである。

新選組が金策で頼りにした大坂の豪商鴻池家の一族の墓所。菩提寺である顕孝庵（大阪市中央区）にある。

もちろん、個人的な金策はあり、芹沢鴨は大坂の加島屋作兵衛方で三十両を借用し、その証文が伝わっている。また、島田魁は自分宛てに借用書を書かせ、その返済という名目で十両を受け取るという方法での金策を行った形跡がある。

これらは別として、新選組は大坂

商人たちから多額の借り入れを行っていた。元治元年十一月初旬、下坂した近藤勇(こんどういさみ)は唐物問屋の加賀屋徳兵衛ら市中の商人十六人に十五万両の借用を申し入れている。

警備の強化を行うには新選組の財政が苦しいので、協力を要請するというのだ。時期的に、長州出陣を念頭に置いて、第一次の『行軍録(こうぐんろく)』を作成する前後にあたる。

商人たちは困惑したが、二度三度と呼び出され、十六日には「松平(まつだいら)肥後守(容保(かたもり))殿御事、かねて御勝手向き不如意……」(『市岡殷政風説留』)と会津藩の財政悪化を理由に、重ねて協力を訴えた。

新選組はこれとは別に、十二月にも鴻池善右衛門をはじめとする二十二軒の大坂商人から銀六千六百貫、金換算で七万一千両を調達している。この理由も借用書に「松平肥後守殿、京都御守衛御用途に付き……」(『鴻池善右衛門』)とあるように、会津藩を前面に押し出したものである。

十五万両の借用を命じられた加賀屋らも、十二月中には少なくとも三万五千五百両の貸し出しに応じているのだが、問題はその用途だ。

新選組が自分たちのために金策していたのならば、商人を泣かせるだけの暴挙だが、新選組は名目どおりに会津藩へ十二月中に五万両、あるいは七万両を、翌慶応元年四月にも五万両を届けているのだ。あくまでも長州征伐を前にした、会津藩のために軍資金を調達したのだった。

王政復古が宣言される前日の慶応三年十二月八日、新選組の『金銀出入帳』に「大坂山中組合十家より」として四千両の入金が記録されている。「山中組合」とは、鴻池グループのことで、その十軒から四千両の借り入れを行ったことを示す。

不穏な状況の到来を予想しての資金調達と思われるが、新選組は三日後の十一日に三千両を返金しており、『金銀出入帳』に「山中組合十家へ返済」とある。つまり不要分を返金しているのだ。

必要分は求めるが、不要分は返金するという姿勢は、商人たちに安堵感を与えるとともに、新選組の〝誠実さ〟をアピールすることにもなる。

新選組の資金調達は当然、記録に残された以外にもあったはずだ。しかし、このような態度で対応していたとすれば、それが新選組の資金調達を支えていたとすることもできるのではないだろうか。

隊士の質

**階級も職業も年齢も関係ない。
武士としての「志」さえあれば、
誰でも新選組に入隊できた。
だが、隊士の質を高めなければ、
新選組の「強さ」を維持できない。
日々の実戦と隊規への畏れが質を高めていった。**

入隊時の試験はなし、志さえあれば誰でもOK

新選組は入隊希望者の出自を問うことはなかった。入隊を希望する者には、誰にでも門戸を開いていた。尽忠報国の志があれば、誰でも受け入れたのである。

慶応三年（一八六七）十月に土方歳三による江戸での隊士募集に応じた、池田七三郎（のちの稗田利八）の談話が『新選組聞書』として伝えられる。上総国山辺郡田間村（千葉県東金市）の商人の三男として生まれた池田は、江戸で旗本の家に奉公しながら町道場へ通っているとき、新選組が隊士を募集していることを知った。

そこで土方が滞在しているという、牛込二十騎組（新宿区二十騎町）の近藤勇の留守宅へ出向いたところ、土方とは会えなかった。しかし、取次の若侍にいわれて、二、三日後に出直すと、今度は土方と会えて「いろいろ細かい話があって、とにかく隊士に編入されることになって、支度金を貰って引き取りました」（『新選組聞書』）という。

これで入隊が決まったのだ。

十月二十一日に江戸を出立し、十一月三日に京都不動堂村の屯所に入ったが、「武芸自信のものは師名（を）差し添え申し出でよ」（『新選組聞書』）と申し渡されたのは、その翌日のことだった。つまり、彼らは入隊にあたって実技を試されることはなく、それどころか流派の確認もされておらず、それでいて支度金を支給されていたのである。

本人の直話である以上、これを信じるほかはない。池田ばかりでなく、同時入隊者も同様だったに違いない。

慶応元年四月の京坂での隊士募集では、妻と娘を連れて長州を出奔し、各地を巡ったのちに大坂へ立ち寄った「金作」という人物がいた。

金作は滞坂中に髪結床で新選組が隊士を募集していることを知り、その窓口となっていた弓場町（浪速区元町）の村井北山という易者のもとを訪れた。四月十四日のことだ。村井は新選組の尾関弥四郎の下働きをしており、入隊希望者であることを知ると、金作に自分の名前を書いた紹介状を渡した。

数日後、西本願寺の屯所を訪ねた金作は、出身を芸州宮島（広島県廿日市市宮島町）と偽り、隊士に入隊を申し入れる。すると対応にあたった隊士は、妻子の有無を尋ね、妻帯ものであれば「妻子（を）十里余のところへ預け置き、一人にて参り候わば組に入れ遣わす」（『茶筌隊関係資料』）と応じたという。

このときも実技を試されることもなく、流派さえ聞かれていない。条件はただ、妻子を十里（約四〇キロ）離れた場所に住まわせることだけだったのである。

幹部隊士には「休息所」と称する妾宅を持つことが許されていたが、一般の隊士たちは単身赴任が入隊の条件だった。十里といえば、ほぼ一日の行程だ。妻子のもとへ行けば翌日でなければ帰ることができず、単身赴任を余儀なくされる。無断で帰宅すれば、脱走の罪に問われる。「十里」とは、そのような意味を持っていたのである。

しかし、その条件さえ満たせば、誰でも簡単に入隊が許されていたのである。だからこそ、隊士の出身階層は雑多だったのだ。

慶応元年（1865）2月、壬生を離れ、新選組が新たに屯所とした西本願寺の太鼓楼（京都市下京区）。

隊士たちの質を高めた厳しい隊規と実戦

新選組入隊を希望する人物は、基本的に武術の心得があったものと思われ、そのため隊士たちには脱藩した下級武士が少なくなかった。

しかし、前出の池田七三郎のように、町人から隊士となった者もいた。代表的なのが、勘定方をつとめた河合耆三郎だ。河合は播磨国高砂（兵庫県高砂市）の米問屋の跡取り息子だったが、滞坂中に隊士が募集されていることを知り、文久三年（一八六三）六月に入隊している。

また、「隊中美男五人衆」の一人とされる、文久三年四月に入隊した佐々木愛次郎は、大坂の飾り職人の息子と伝わる。本名を和栗吉次郎という谷川辰蔵も、倉敷（岡山県倉敷市）で綿の仲買などを行う商人の三男で、慶応元年四月ごろに入隊した。

変わり種としては、医者が本業だった広島浪士の浅野薫（藤太郎）、出雲国母里藩の医生だった武田観柳斎、鍼医師の息子と伝わる山崎烝、力士から転身した越ノ海、僧侶だった斎藤秀全（一諾斎）、三河国挙母藩を脱藩した後に虚無僧となっていた安藤早太郎、丹波国篠山出身の葛山武八郎も虚無僧だったという。

また、洋学者として知られる信濃国松代藩の佐久間象山の遺児恪二郎は、ともに滞京していた父親が暗殺されると、仇討ちのため三浦啓之助の名前で在隊していたこともある。

隊士たちの剣術の流派としては、近藤勇の天然理心流、芹沢鴨の神道無念流、伊東甲子太郎の北辰一刀流などが知られているが、慶応元年に江戸で応募した新入隊には、鏡心明智流・心形刀流・小野派一刀流という著名な流派の遣い手がいた。一方で、剣術では朝日山一伝流・田宮流・留田流、槍では天淵流・立身流、馬術では人見流・神当流・甲来流・源家古伝、手裏剣の荒木流など、無名な武芸を遣う隊士もいた。

出身地は東北から近畿にかけてはほとんどの国から、中国・九州地方ではほぼ半数、四国では土佐以外の国があげられる。年齢も、慶応元年の入隊時に四十六歳だった中村玄道から、同三年に十二歳だった田村銀之助まで、さまざまだった。

つまり、職業から流派、出身地、年齢にいたるまで、新選組はまさに〝人種の坩堝〟だったのである。入隊はほぼ無条件であったため、当然のことながら隊士の「質」という面では様々であったが、それを補うのが隊規であり、日々の実務だった。

それまでも自前の道場で武術の稽古はしていたが、慶応元年には撃剣・柔術・砲術・馬術の師範を選出し、彼らが隊士の指導を行うようになり、文学の師範も置かれていた。

こうして、ほぼ無条件で入隊した隊士たちの向上をはかりながら、適者生存の原則のもと、その質を保っていたのである。

第三章

新選組の隊士名鑑

芹沢 鴨

せりざわ かも

天保三年（一八三二）～文久三年（一八六三）九月十六日

常陸国行方郡の出身。生年については、文久三年（一八六三）に三十八歳、三十四歳、三十二歳とするものがあるが、複数の浪士組の名簿が三十二歳としているので、天保三年（一八三二）が正しいものと思われる。父親についても意見は分かれているが、水戸藩郷士の芹沢貞幹とするのが妥当なようだ。鴨はその三男として生まれた。

いつのことか、芹沢は松岡領松井村（北茨城市中郷町）の神官である下村家の養子となって下村継次（表記は嗣治・嗣次とも）を名乗り、尊王攘夷運動に加わることとなる。

安政六年（一八五九）十二月下旬、「戊午の密勅」の処理を巡って、多数の有志が長岡宿（東茨城郡茨城町）に屯集するという事件があった。これは藩庁によって解散させられたのだが、五十人ほどが玉造村（行方市）に移り、彼らは「玉造組」と呼ばれた。文久元年一月、彼らは府中村（石岡市）で四百両の金策を行い、そのことを記録した文書に「下村嗣次」の名前がある。

さらに、下総国佐原村（千葉県香取市佐原）でも千両を金策しようとした。しかし、二百両で済まそうとしたため、名主宅ほかで乱暴を働いて八百両を差し出させるのだが、このときの借用書にも「下村嗣次」の名前がある。彼らはこれを資金として玉造で「文武館党」を結成するのだが、藩庁が見逃すはずもなく、芹沢ら八人は二月中に捕らえられ、水戸の赤沼獄に投じられるのだった。

この獄中で絶食死を覚悟し、自分の指を噛み切って、流れる血潮で認めたのが「雪霜に色よく花の魁けて散りても後に匂う梅が香」の辞世である。これは『新選組奮戦記』が伝えるものだが、『みやこのにしき』は芹沢が北野天満宮（京都市上京区）に奉納した額に、「雪霜」ではなく「霜雪」とされた和歌が記されていたことを報じている。

翌文久二年十二月二十六日、大赦

によって捕縛されていた政治犯は放免され、同年中か翌年早々に「下村嗣次」は「芹沢鴨」として江戸に出て、浪士組に加入するのである。

「芹沢」は実家の姓であり、名前の「鴨」は若いころに通っていた玉造郷校近くにある、『常陸国風土記』にも記録される神社の鴨の宮から取ったものと思われる。

浪士組では三番の小頭に任命されていたが、文久三年二月十日に本庄宿（埼玉県本庄市）へ着いたとき、先番宿割が芹沢らの宿を取り忘れるという不始末があった。これに怒った芹沢は、腹いせに宿内で大篝火を焚いたという。なお、『新選組奮戦記』はこれを近藤勇の失策としているが、近藤が先番宿割を手伝うようになったのは十四日のことで、近藤の失策であったはずはない。


芹沢は乱暴なうえに短慮でもあったようで、ある会津藩士は芹沢を勇気はあるが、「梟（狂）暴」で、隊士が自分の気にそぐわないことをすると、「死ぬほど打擲いたし候事」（『騒擾日記』）があると評したほどだ。

六月に下坂したさいの大坂力士との乱闘事件、八月十二日の大和屋焼き討ち事件がそうであり、同月十四日ごろには、宴会をしていた島原の角屋で扱いが悪いことから、店中の瀬戸物を打ち壊し、並んでいる酒樽の飲み口をたたき落とし、さらには主人に七日間の営業停止を命じたこともあった。

また、月末には大坂新町（西区新町）の遊廓で、呼び出した芸妓が自分に従わないことから、同行していた仲居とともにその髷を切り捨ててしまった。


九月十三日には十数人の隊士を引き連れて有栖川宮邸へ出向き、攘夷派の熾仁親王に「御警衛御用」があれば「何事に限らず仰せ付け下されたく」（『熾仁親王行実』）と申し入れている。これは八月の政変で長州藩という後ろ盾を失いながら、幕府への攘夷督促の別勅使を命じられた親王に対する嫌味でしかない。

直接のきっかけは御所に近い大和屋の焼き討ち事件にあったのだが、芹沢はその一挙手一投足によって、自分の首を絞めていたのである。

島原角屋で総会が開かれた雨の夜、芹沢は殺害され、壬生共同墓地に埋葬された。享年三十二。

現在、壬生寺にある平山五郎と連名の墓碑は三基目のもので、二基目のものとは異なり、最初の墓碑を忠実に再現したものとなっている。

近藤 勇

こんどう いさみ

天保五年（一八三四）～慶応四年（一八六八）四月二十五日

武蔵国多摩郡上石原村の出身。天保九年（一八三八）の上石原村の「宗門人別五人組帳」によると、父親を久次郎、母親をミネ、長兄を音次郎、次兄を粂蔵といい、祖父の源次郎も健在だった。

幼名を勝五郎といい、『三国志』や軍談を好み、棒を手にして剣術の真似事もしていたが、嘉永元年（一八四八）十一月に兄とともに天然理心流三代目宗家で、試衛館道場の主である近藤周助の門に入り、翌年六月には目録を授けられた。

そのころ、父親の他出中の夜中に盗人が入るという事件があり、寝入っていた兄たちと撃退したところ、高齢で実子のなかった周助はその話を聞き、強く勝五郎を養子に迎えることを望んだ。その年の十月、これが実現して勝五郎は江戸牛込甲良屋敷の近藤家に入り、周助の旧姓である島崎を名乗ると、名前も勝太と改めた。

その後、周助とともに多摩地方を中心とした出稽古を行い、万延元年（一八六〇）には一橋家家臣だった松井八十五郎の長女のツネと結婚する。結婚前に数度の見合いを経験していたが、「醜者」（『慎斎私言』）であるツネを選んだのは、美人だった娘には嬌態があったが、ツネには人に媚びる様子もなく、謙譲の心があったためという。また、道場には多数の若者が出入りするので、美人はよろしくないと語ったともいう。

文久元年（一八六一）八月には天然理心流四代目宗家を継ぎ、同二年には長女のタマが生まれたが、翌年一月には幕府募集の浪士組に加盟し、二月に妻子を残して門人・食客とともに上京する。そして、浪士組の方針に反対して京都へ残ると、三月には会津藩主で京都守護職の松平容保の「預り」という身分で、新選組の前身である壬生浪士組を結成した。

その後、壬生浪士組は会津藩の一員として将軍警護の列に加わり、八月十八日の政変に出動するなどして評価を得ると、近藤は九月に芹沢鴨・平山五郎を殺害して組を掌握する。だが、当初からの目的であった攘夷は実現されずにいた。そのため元治元年（一八六四）五月三日には会津藩を通じて、幕府に新選組の解散を訴えるのだった。不逞浪士を取り締まるだけでは、新選組の存在意義が失われてしまうのだ。

ところが、六月には池田屋事件が勃発し、新選組は高く評価され、近藤自身も脚光を浴び、九月に隊士募集のため江戸へ下ると認識が変化した。幕府典医で蘭方医の松本良順により、西洋諸国の事情について教示を受けた結果である。

良順は世界地図や、海外の戦争の模様や機器を描いた図を見せながら、彼我の違いを丁寧に説くと、近藤は大いに悦び、「今日、君の説明によって、僕が多年の疑団渙然氷釈せり」（『蘭疇自伝』）と、長年の疑問が氷解したことを伝えたという。外国事情に理解を示したという点から、近藤が攘夷を捨てたかのようにも思われるのだが、それでは長年の疑問は氷解しない。

近藤の「疑団」とは、なぜ幕府が攘夷戦を行わないかというものであり、だからこそ五月には新選組の解散を訴えたのだ。しかし、外国の事情を理解したことによって、攘夷戦に踏み切れない幕府の態度を理解することができたのである。

以後、近藤は新選組の解散を唱えることなく、幕府のために働いた。攘夷は幕府が行うものと信じていたからである。

慶応三年（一八六七）六月、新選組総員が幕臣に取り立てられ、土方歳三以下は御家人だったが、近藤一人は旗本となった。甲良屋敷にあった家を、道場はそのままに、武家地の二十騎組（新宿区二十騎町）に移したのは、このときのことと思われる。近藤がその家に帰ったのは翌年一月、旧幕軍が鳥羽・伏見の戦いに敗れ、新選組が江戸へ帰還してからのことだ。

二月に甲陽鎮撫隊が敗走し、五兵衛新田で再起をはかり、転陣した流山で新政府軍に出頭した近藤は、四月二十五日、板橋宿はずれの「馬捨て場」で斬首された。享年三十五。

近藤の首は京都へ送られ、三条河原に晒された。一月に江戸城で出会ったことのある佐倉藩士の依田学海は、十日に三条河原の近藤の首を目撃し、「面色生けるごとし」（『譚海』）と記録している。

原田左之助

天保十一年（一八四〇）～慶応四年（一八六八）五月十七日

はらだ さのすけ

伊予国松山の出身。松山藩の中間である原田長次の第二子として生まれた。

いつ江戸へ出たのか、安政三年（一八五六）か四年には三田（港区三田）の松山藩中屋敷で中間奉公をしており、目付の内藤房之助の家に「小使」として派遣されていたのが原田だった。そのころ九歳か十歳だった内藤家の息子助之進は、原田の印象を「なかなか怜悧な男で、かつ容貌万端、子供心にも美男子」（『史談会速記録二九七輯』）と語っている。

安政四年に内藤家は帰国するのだが、国許で助之進は親類の中島家に奉公する原田と再会したという。原田も内藤家に前後して、国に帰っていたのだろう。

安政五年のことのようだが、原田は武士と喧嘩して馬鹿にされ、切腹の真似事をして国を出た。腹には傷跡が残っており、新選組時代に結婚した妻のマサは、縫い目のある切腹傷を目にしている。

松山から大坂に出た原田は、のちに新選組へ入隊することになる、谷三十郎・万太郎兄弟の道場で種田流槍術を学び、相応の実力を身につけてから江戸へ出た。

そこで近藤勇と出会うのだが、試衛館に出入りするようになったのは、文久二年（一八六二）十二月後半のことと思われる。試衛館の門人だった斎藤一は、その時期に京都へ旅立っているので、ちょうど入れ替わるように原田が出入りを始めたようだ。

文久三年二月に浪士組は上京し、近藤らは京都に残留して壬生浪士組を結成し、原田は副長助勤に就任するが、小隊制となった元治元年（一八六四）の第一次『行軍録』以降は小荷駄方の組頭をつとめる。

慶応元年（一八六五）の三月か四月、原田は京商人の菅原長兵衛の次女で十八歳のマサと結婚し、屯所の西本願寺の南側に位置する鎌屋町に新居を構えた。翌年には長男の茂が生まれるが、この時点での組頭以上の月給は十両であり、食事は新選組からの炊き出しが用意されたため、生活は十分に余裕のあるものだった。

その九月十二日、三条制札事件が起きる。三条大橋の西詰にある幕府の高札場に立てられていた制札が、八月末より遺棄される事件が相次ぎ、取り締まりが新選組に命じられた。その日、原田は二十七人の隊士とともに出動し、自身は高札場の南側にある三条会所に詰め、隊士たちを橋の東西に潜ませて、犯人の出現を待った。

鴨川に架かる三条大橋（京都市東山区）は、幕府が管理する公儀橋で、西詰は高札場となっていた。

午前零時ごろ、制札場に近づく数人の姿があり、高札を遺棄したとき、原田は突進した。次いで東西からも隊士が駆けつけて乱戦となり、原田は軽傷を負いながら奮戦し、隊士たちは一人を殺害、一人を捕縛して、十三日の夜明けに屯所へ帰った。犯人は土佐藩士だったが、事態を重く見た土佐藩では、幹部隊士を料亭に招いて謝罪し、一見は落着した。

幕府からは総額二百両の褒賞金が出動隊士に下され、原田は三人の隊士とともに、最高額の二十両を受領している。

鳥羽・伏見の戦い後に江戸へ帰還すると、新選組は甲陽鎮撫隊として甲州勝沼へ出陣したが、三月六日の柏尾の戦いに敗走すると、近藤との意見の相違から原田は永倉新八らとともに新選組を脱隊し、靖共隊を結成した。靖共隊は日光を目指す旧幕軍に合流するため、日光東往還を進んだが、山崎宿（千葉県野田市山崎）で、原田は隊を離れてしまう。

用事があって行徳宿（千葉県市川市行徳）へ行ったとも、妻子への愛着から引き返したともされるが、実際のところは不明である。その後、原田は彰義隊と接触すると、五月十五日の上野戦争で被弾し、搬送された神保山城守邸（東京都江東区森下）で息を引き取った。享年二十九。

原田の戒名は「正誉円入信士」という。これは明治の後期になって、元隊士の岸島芳太郎がマサのもとを訪れて伝えたものである。

原田には中国での「生存馬賊説」があるが、日本人が馬賊と接触するようになったのは明治後期のことで、現実的なものではない。

沖田総司

おきた そうじ

天保十三年（一八四二）～慶応四年（一八六八）五月三十日

武蔵国江戸の出身。江戸詰の白河藩足軽頭である沖田勝次郎の長男として生まれ、ミツとキンという姉がいた。家督を相続する立場にあったが、ミツが日野宿（東京都日野市）出身の井上林太郎を婿養子とし、勝次郎の死後に林太郎が二十二俵二人扶持の足軽小頭の職を継いだ。

林太郎は天然理心流の近藤周助の門人であり、その関係からか、沖田は嘉永五年（一八五二）か六年に周助の道場である試衛館の内弟子となる。天賦の才に恵まれた沖田は、文久元年（一八六一）四月までには免許皆伝となり、塾頭として近藤勇と多摩地方での出稽古におもむくようになった。

文久三年二月に浪士組の一員として京に上ると、近藤らとともに壬生浪士組を結成し、副長助勤をつとめる。元治元年（一八六四）六月五日の池田屋事件では、近藤とともに屋内に踏み込み、二階にいた過激派浪士と闘って一人を倒した後、昏倒して屋外に運び出されてしまう。

『新選組奮戦記』は「持病の肺患が再発して打ち倒れたので……」とするが、『浪士文久報国記事』は「病気にて会所へ引き取る」とするのみで、肺結核の「再発」については触れていない。おそらく、沖田が結核で死亡したことを知る永倉新八が、『新選組奮戦記』では当時を振り返り、昏倒の原因を結核に求めた結果なのだろう。

旧暦のこの日は、現在の七月八日にあたり、夜になって晴れたものの、日中には雨が降っていた。また、当日は不明だが、事件二日後の気温は華氏九十度と記録され、これは摂氏三十二・二度に相当する。鎖帷子を着込んだ沖田は、この悪条件に倒れてしまったのではないだろうか。

その後の小隊制でも一番の組頭をつとめる沖田に、病気の影を見ることはできず、慶応元年（一八六五）十一月に近藤が広島へ出張するさいには、後援者へ「剣流名、沖田へ相譲り申したく……」と、天然理心流五代目を継がせるつもりでいることを手紙に書いている。健康な証拠ではないだろうか。

慶応三年四月二十六日に「沖田氏縁者」が死亡したことが、埋葬された光縁寺の過去帳に記されている。これ以前に光縁寺に埋葬された沖田姓の人物はなく、「沖田氏」が「新選組の沖田」を指していることは明らかだ。

新選組の幹部隊士には「休息所」という妾宅を持つことが許されていたが、沖田に愛人がいたという記録はない。だが、この「真明院照誉貞相大姉」という戒名の持ち主が、沖田の愛人だった可能性は十分にある。

この年の九月、土方歳三は隊士募集のため江戸へ下り、日野へも足を運んだ。このときに沖田が病気であることを知らされた小島鹿之助は、近藤に宛て、「沖田英兄、当節チト御不快の由」と手紙を記し、十分に配慮するよう願っている。

また、沖田は十一月に近藤の養父周助の病状悪化を知らされると、東下すべきところを「病気故、何分心底に相叶わず候」と、自分が病気であることを記すのだった。「当節は日増しに快方におもむき……」とは続けているが、十二月になると病状は悪化し、十八日に近藤が御陵衛士残党に狙撃されると、ともに大坂へ下って療養生活を送ることとなる。

江戸帰還後、新選組は甲陽鎮撫隊として出陣するのだが、今戸（台東区今戸）の今戸神社に仮寓する松本良順のもとで療養していた沖田は、それに先立って鍛冶橋門内の新選組の宿所におもむいた。同行を願うためのことで、二月二十八日の『金銀出入帳』に「沖田渡す」として十両支出が記録される。出動隊士に支給された手当と同額である。

日野まで同行した沖田は、甲陽鎮撫隊が立ち寄った佐藤家で元気な様子を披露したと伝わるが、その日のうちに江戸へ送り返されたようだ。

沖田が療養先である、千駄ヶ谷（新宿区大京町）の植木屋柴田平五郎方の離れ座敷に移ったのは、三月十日前後のことと思われるが、そこで没した。享年二十七。

光縁寺（京都市下京区）の墓地にたたずむ沖田氏縁者の墓。総司の愛人だった可能性は高い。

土方歳三

ひじかた としぞう

天保六年（一八三五）～明治二年（一八六九）五月十一日

武蔵国多摩郡石田村の出身。農民の土方隼人と恵津の末子として生まれた。姉の一人が日野宿名主の佐藤彦五郎に嫁ぐラン（のちのノブ）である。誕生日については五月五日とされるが、これは昭和十六年（一九四一）に公表されたもので、文書などの裏付けがあるわけではない。

かつては、十一歳のときに江戸上野の伊藤松坂屋に奉公に出たものの、間もなく番頭と喧嘩して実家に帰り、二度目の奉公は十七歳のときに女性問題を起こして暇を出され、以後は家伝薬である石田散薬の行商をしながら剣術を学んだとされていた。

しかし、石田村の「宗門人別書上帳」によって弘化四年（一八四七）、十三歳までは実家に暮らしており、同年中か翌年に奉公を始めたことが判明しており、嘉永元年（一八四八）の「宗門人別書上帳」には「他家へ奉公に差し出し置き申し候」と、奉公に出ていたことが記録されている。

土方が江戸での奉公を終えたのは安政四年（一八五七）、二十三歳のときだ。嘉永四年に変わった奉公先は、四谷大木戸（新宿区四谷）にあった親戚の大和屋だったと思われ、無理な願いを聞き入れてもらい、近藤周助の門人となったようだ。『両雄士伝』に「十七（歳）で邦武（周助）の門に入る」と記録されている。

ただし、これは仮入門というべきもので、奉公を終えた翌々年の安政六年に正式入門を果たしたことが、天然理心流の「神文帳」に記録されている。仮入門以来の修行が実り、土方は翌年には免許の前段階である極中位目録を授けられたようだ。

文久三年二月に浪士組の一員として上京し、近藤勇らと京都に残留して壬生浪士組を結成すると、副長に就任する。九月に芹沢鴨を殺害して局長の近藤が新選組を掌握すると、副長としてよく局長を補佐した。

政治的な表舞台は近藤に任せ、土方は裏方として働き、二人で新選組を支えていたと思われる。二度にわたって江戸で隊士の募集を行ったのもその表れであり、近年公表された史料によれば、屯所とした西本願寺の北集会所の通風が悪く、寺側に改善を求めたのも土方だった。

土方が表舞台に立つのは、慶応三年（一八六七）十二月に近藤が御陵衛士残党に狙撃され、戦線を退いた以後で、翌年一月の鳥羽・伏見の戦いは土方が新選組を率いて戦った。

その後、江戸に帰還すると甲陽鎮撫隊の敗走を経て、五兵衛新田（足立区綾瀬）で再起をはかり、流山（千葉県流山市）に転陣する。その直後、本陣を新政府軍に囲まれ、近藤は切腹を決意するが、土方の説得によって出頭した。ただちに土方は江戸に潜行し、近藤の救出工作を行うが、実を結ぶことはなかった。

そのとき以来、土方は松本良順に「我が輩は死神にとりつかれたる也。死すべきときに死すれば、すなわち可なり」（『噬臍録』）と語ったように、近藤を見殺しにしてしまった「死神」という運命を背負って、戊辰戦争を戦うこととなるのだった。

下総鴻之台（千葉県市川市国府台）に集結した旧幕軍に加わった土方は、前軍の参謀となって四月十九日に宇都宮城を落とし、二十三日の防衛戦で右の足指に被弾してしまう。そのため、会津戦争では八月二十一日に母成峠の戦いに敗北するまで実戦に参加していないが、二十三日には滝沢峠ほかで新政府軍を迎え撃った。

その後、仙台で榎本武揚の旧幕海軍と合流して蝦夷地へ渡り、陸軍奉行並に就任する。箱館での土方は、将兵らが酒や女に溺れるなか「蔬（粗）食に甘んじ、婦人に近づかず」と、禁欲的な生活を送っていた。

そして、「吾、近藤昌宜（勇）とともに死せざりしは、一に故主の冤を雪がんと欲するのみ。今はすなわち已ぬ。万一赦に遭うとも何の面目ぞ。昌宜に地下に見えん」と語ったという。徳川家の無実の罪を晴らすため生きてきたが、生きながらえて赦免されるようなことがあれば、近藤に合わせる顔がない、ということだ。

その言葉どおり、土方は戦塵のなかで死んだ。享年三十五。

土方歳三の墓がある石田寺（東京都日野市）。毎年5月に「歳三忌」が行われている。

永倉新八

ながくら しんぱち

天保十年（一八三九）九月十二日〜大正四年（一九一五）一月五日

武蔵国江戸の出身。父親は江戸下谷（台東区小島）の松前藩中屋敷の長屋に住む江戸詰の藩取次役で、長倉勘次という。戸籍謄本には天保十年（一八三九）九月十二日の出生とされている。長兄が早世したため、家督を相続する立場にあったが、八歳で神道無念流の岡田十松の門に入り、十九歳のときに脱藩して同流の百合元昇三の道場に住み込んでしまう。このときに本来の「長倉」から「永倉」に改めたという。

百合元道場で免許を授けられると、万延元年（一八六〇）の春に同門で旧知の市川宇八郎と、下野（栃木県）方面へ武者修行に出た。この市川が、のちに靖共隊で隊長をつとめる芳賀宜道である。

江戸に帰ると、牛込御留守居町（千代田区富士見）で心形刀流の道場を開く坪内主馬のもとで師範代をつとめるが、同時期にのちに隊士となる島田魁も道場に在籍していた。この縁があって島田は入隊したのだろう。

坪内道場と近藤勇の試衛館はほど近くにあり、いつからか永倉は試衛館に出入りするようになり、ほとんど道場に住み着いてしまった。いわゆる「食客」の第一号である。

『新選組奮戦記』によると、文久二年（一八六二）十二月下旬か翌年早々、試衛館に浪士組結成の知らせが届く。永倉がもたらしたということだが、一同は加盟を決断した。浪士組の上京にあたって永倉は両親に「節を尽くして厭くまでも貫く竹の心一筋」という和歌を贈り、その心意気を示している。

着京後、近藤らと京都に残留した永倉は壬生浪士組で副長助勤となるが、同時に残った芹沢鴨のグループが神道無念流を遣ったため、彼らとの交流があった。情報漏洩を恐れた試衛館グループは、新見錦の切腹、芹沢鴨・平山五郎の殺害については、永倉に知らせずに実行した。

永倉は常に新選組の第一線で働いていたが、慶応四年（一八六八）一月の鳥羽・伏見の戦いに敗れて江戸に帰還し、三月に甲州に出陣した甲陽鎮撫隊が江戸へ敗走したときに、決定的な局面を迎えた。今後の方針について近藤と対立し、ついに原田左之助らとともに新選組から分裂してしまうのだった。

永倉は芳賀宜道を隊長、自身と原田を副長とする靖共隊を結成すると、大鳥圭介率いる旧幕軍と合流して旧幕歩兵七聯隊に付属し、小山の戦い、安塚の戦い、宇都宮城の防衛戦を戦い、日光より会津領田島宿（福島県南会津町）へ入り、南下していた会津軍と合同で今市口（日光市今市）や藤原口（日光市藤原）へ戻り、戦いを続けた。

八月二十一日、永倉は会津で治療を受けて全快した兵士を連れ帰るため、芳賀とともに城下へ向かった。翌晩は城下の民家に宿泊したが、目覚めると母成峠を突破した新政府軍が殺到してきたため、原隊へ戻ることとした。しかし、その途中の田島で新選組を脱走した近藤芳助をともなう米沢藩士の雲井龍雄と出会い、「入布新」と名乗って米沢に同行する。

十一月まで米沢城下に逗留した後、芳賀とともに東京へ戻ると、翌明治二年（一八六九）には松前藩への帰参が許され、長倉姓に復した。同三年に松前藩医だった杉村松伯の娘の婿養子となり、翌年には松前におもむいて挙式し、杉村義衛を名乗る。

同六年に長男の義太郎が生まれ、小樽へ移住し、八年に東京へ出ると松本良順による寿徳寺境外墓地（北区滝野川）への新選組供養塔建立に尽力し、九年に完成させた。その間に執筆したと思われるのが『浪士文久報国記事』である。その背景には、新選組から分裂して靖共隊を立ち上げたものの、会津戦争の最中に戦線を離脱してしまったという体験の悔やみがあったのだろう。

新選組は永倉の離脱後も戦い続けており、近藤も死に、土方歳三や隊士たちも戦死した。そこに永倉の忸怩たる思いや「後ろめたさ」があり、彼らの名前を後世に伝えるため、顕彰する供養塔の建立に尽力し、慣れない筆を執ったものと思われる。

明治四十一年に隠居した永倉は、乞われるまま大正二年（一九一三）より小樽新聞に七十回にわたって「永倉新八」（『新選組奮戦記』の底本）を連載するほか、『七ケ所手負場所顕ス』など貴重な記録を遺し、「新選組の語り部」として生涯を終えた。享年七十七。

斎藤一

さいとう はじめ

天保十五年（一八四四）一月二日～大正四年（一九一五）九月二十八日

武蔵国江戸の出身。父親は元明石藩足軽で、江戸に出て旗本に奉公したのち、御家人株を買った山口祐助という。

剣の流派は無外流ともされるが、『浪士文久報国記事』は近藤勇の試衛館の「稽古人」で、浪士組への加盟を話し合った一人とし、『両雄士伝』が誤って試衛館からの浪士組加盟者としていることからみて、天然理心流の門人だったと思われる。

斎藤はのちに藤田五郎と改名するのだが、その『藤田家の歴史』によると、斎藤は「十九歳の時、小石川関口において旗本の士を殺し」たため、京都に住む父親の知人のもとに身を寄せたという。このときに山口姓を「斎藤」に改めたようだ。

十九歳といえば文久二年（一八六二）のことであり、近藤らが浪士組として上京する前年である。浪士組加盟について話し合ったというのだから、人を殺めて江戸を出奔したのは、十二月下旬だったのだろう。

文久三年二月に浪士組が上京し、近藤らが京都残留を決めるとただちに合流し、結成されたばかりの壬生浪士組では副長助勤となり、元治元年（一八六四）十一月の第一次『行軍録』では四番の組頭をつとめた。

慶応三年（一八六七）三月に伊東甲子太郎らが御陵衛士となって新選組を分離すると、近藤の命で間者として伊東らに同行した。やがて御陵衛士が近藤の暗殺、新選組の乗っ取りを画策していると通告し、油小路事件の発端をつくる。山口次郎と改名したのは、このときのことだ。

慶応四年一月の鳥羽・伏見の戦いを経て新選組は江戸に帰還し、三月には甲陽鎮撫隊として甲州勝沼へ出陣して柏尾で戦う。斎藤は江戸へ敗走すると、本隊に先行して負傷者とともに会津へ向かった。

会津では隊長役をつとめ、数次にわたる白河攻撃に参戦し、八月二十一日の母成峠の戦いで隊士を率いて戦って敗れた。

土方歳三が援軍を求めて会津から庄内藩に向かうなか、今後の方針を相談する旧幕軍の軍議での発言が、「今、落城せんとするを見て志を捨て去る、誠義にあらずと知る」（『谷口四郎兵衛日記』）というものである。

九月四日には十人ほどの隊士とともに如来堂（会津若松市神指町）の守備につくが、翌日には新政府軍の攻撃を受けて隊士たちは散乱。斎藤は清水卯吉とともに高田村（会津美里町）方面の会津藩兵に合流した。

籠城中の会津藩は九月二十三日に開城し、城外の会津藩兵も降伏した。斎藤は一瀬伝八として会津藩士と行動をともにし、翌年から越後高田藩（新潟県上越市）で謹慎生活を送る。しかし、同年中に高田を脱出したようで、藤田五郎を名乗り、会津藩の新しい領地である陸奥国斗南藩の五戸村（青森県三戸郡五戸町）へ姿を現した。同四年四月に故篠田内蔵の長女のヤソと結婚したが、斎藤は同七年六月にヤソを置いて東京に出てしまい、ほどなく高木小十郎の長女の時尾と結婚する。

近年公表された警視庁の名簿によると、八年の前半までに「斎藤一」の名前で「等外一等出仕」として警視庁に採用され、「書記兼戸口取調掛」をつとめたとのことだが、明治五年（一八七二）に成立した壬申戸籍に「藤田五郎」として登録していながら、なぜ「斎藤一」であるのかという疑問が残り、同名異人の可能性も指摘されている。

確実なのは同十年二月に警部補として奉職し、五月に西南戦争に従軍して銃創を受けるが、帰京後も二十四年四月まで警察官として働き、同九年に勉、十二年に剛、十九年に龍雄という三人の子供に恵まれたことだ。その後は東京高等師範学校の東京教育博物館看守となり、同三十二年より東京女子高等師範学校の庶務係兼会計係をつとめ、四十三年に退職した。

大正四年（一九一五）には体調を崩して何度か危篤状態に陥り、最期の時は座ったままで迎えたという。享年七十二。

なお、斎藤の写真としては西南戦争凱旋時の別働第三旅団の集合写真が知られている。しかし、これは別人であって、大正二年九月に次男剛が元会津藩家老の田中土佐の孫娘である浅羽ユキと結婚したさいに、東京赤坂の割烹八百勘で撮影された両家の記念写真が、現時点で公表されている唯一のものである。

山南敬助

さんなん けいすけ

天保四年（一八三三）〜元治二年（一八六五）二月二十三日

陸奥国仙台の出身。「山南」は「やまなみ」と読まれるが、島田魁が「三男」、『新撰組始末記』が「三南」と表記しているように、「さんなん」が正しい。小樽新聞の「永倉新八」にも「さんなん」のルビが振られていることから、永倉もそのように発音していたものと思われる。

仙台の剣術師範である山南某の第二子として生まれ、仙台藩の浪人と自称していたが、父親や本人が仙台藩士だったことは確認されていない。

江戸に出て飯田町堀留（千代田区西神田）にあった旗本大久保九郎兵衛の道場で小野派一刀流を学んだが、安政年間（一八五四〜六〇）に近藤勇と出会い、試合に敗れたため試衛館の門人となり、道場に住み込んでいたようだ。

文久三年（一八六三）一月、近藤勇らとの浪士組加盟が決定すると、十七日には沖田総司とともに武蔵国多摩の小野路村（町田市小野路町）の小島鹿之助のもとを訪れて挨拶し、「早向皇州好奏功」と結ぶ七言絶句を贈っている。早く京都へ行って志を成就させたい、という意味だ。

上京後は近藤らと壬生浪士組を結成し、土方歳三とともに副長の職についた。同年四月に壬生浪士組が会津藩本陣に召された際には、松平容保の所望によって武術稽古を披露しているが、山南は沖田総司と剣術の試合を行っている。

同年十月下旬以前に起きた岩城升屋襲撃事件で、心身の一方か双方に傷を負い、以後は池田屋事件ほかの出来事にも出動することなく、療養生活を送っていたようだ。

元治二年（一八六五）二月二十一日に脱走し、二十二日に追っ手の沖田によって屯所へ連れ戻されたとされているが、この日付は『新選組物語』にあるのみで、裏付ける記録はない。昭和初頭の古写真に写る前川邸の坊城通に面した出窓のある部屋で、沖田の介錯によって切腹した。享年三十三。

武田観柳斎

たけだ かんりゅうさい

?～慶応三年(一八六七)六月二十二日

出雲国能義郡母里の出身。本名を福田広。松江藩の支藩である母里藩(島根県安来市)の医生とされる。甲州流軍学を修め、江戸では福島伝之助の塾に学んだが、この在府中に近藤勇らと接触していた可能性がある。

入隊は文久三年(一八六三)六月以降で、同年十二月に切腹した野口健司を埋葬する「頼越人」として、光縁寺の過去帳に記録されている。入隊後は軍学に加え、文武に秀でていたことから近藤に重用された。

元治元年(一八六四)六月五日早朝には古高俊太郎を捕縛、同日の池田屋事件に出動した。十日の明保野亭事件でも隊士を率い、事件の責めを負って切腹した会津藩士の柴司の葬儀に参列、「我もおなじ台やとわんゆくすえは同じ御国にあうよしもがな」の弔歌を詠んでいる。

九月の近藤の東下に従い、十一月の第一次『行軍録』では六番の組頭とされ、慶応元年(一八六五)には師範制で文学師範となった。八月には蹴上(京都市東山区)の奴茶屋で金策を行った薩摩藩士と闘い、さらに十一月の近藤の広島出張に随行するなど、隊内における存在感を示している。

だが、新選組が洋式化を目指すようになると甲州流軍学は軽んじられるようになり、慶応元年九月の第二次『行軍録』では軍奉行となるが、翌年一月の近藤の広島再出張では随行員からはずされるなど、第一線から遠ざけられてしまう。

それと並行して反幕派に転じ、伊東甲子太郎らに接近するが、「平素の行状のよろしからざるを視て……」(『新撰組始末記』)と拒絶され、薩摩藩との接触を試みるようになったという。その結果、武田は除隊を申請して同年十月には新選組を去るが、反幕活動を続けていたため隊士によって殺害された。

年齢は判然としないが、死亡時は三十代前半だったようだ。『新選組物語』は「丈の高い人物で最後まで頭を坊主にしていた」と伝えている。

伊東甲子太郎

いとう かしたろう

天保六年（一八三五）～慶応三年（一八六七）十一月十八日

常陸国新治郡志筑の出身。鈴木専右衛門の長男で、三木三郎の兄。父親は志筑を追われ、他領で私塾を開いていたが、その死後、水戸へ出て神道無念流を学び、次いで江戸深川（江東区深川佐賀町）の伊東精一郎道場で北辰一刀流を修める。

文久元年（一八六一）には伊東道場の塾頭となり、翌年あるいは翌々年に伊東精一郎が死去すると、門人たちの推挙によって道場を継ぎ、娘のウメの婿養子となって伊東姓を名乗る。

元治元年（一八六四）六月の池田屋事件後、かつての弟子だった藤堂平助が道場を訪れて新選組への加入を要請し、次いで東下した近藤勇と面談のうえ入隊を決意すると、この年の干支が「甲子」だったことから、大蔵から甲子太郎へと改名した。

弟や門人・知人とともに入隊すると、十一月の第一次『行軍録』では二番の組頭とされた。元治二年二月に山南敬助が切腹すると、四首の弔歌を詠んでいる。慶応元年（一八六五）四月に土方歳三が隊士募集のため江戸へ下ったさいに同行し、六月に三人の隊士が脱走すると数人の隊士とともに東海道を探索した。

同年九月の第二次『行軍録』では軍奉行とされ、十一月と翌年一月の近藤の二度目の広島出張にはブレーンとして同行する。だが、徐々に反幕的姿勢を強めるようになり、慶応三年三月には御陵衛士を拝命し、新選組の別働隊という名目で藤堂平助らの同志とともに「分離」する。

表面上は新選組との友好関係を保っていたが、間者として伊東グループに潜入していた斎藤一により近藤暗殺計画が新選組に伝えられると、先手を打たれ、近藤の妾宅に招かれた帰途、新選組によって殺害された。享年三十三。

遺体は光縁寺に埋葬されたことが同寺の過去帳に記録されるが、翌年三月には元御陵衛士の手で戒光寺墓地（京都市東山区）に改葬された。

藤堂平助（とうどう へいすけ）

弘化元年(一八四四)～慶応三年(一八六七)十一月十八日

武蔵国江戸の出身。『同志連名控』は「御府内(江戸)浪士」とするのみだが、『編年雑録』には「江戸出生、伊東(甲子太郎)門人」とされている。どのような経緯で浪人となったかは不明だが、浪人生活を送りながら北辰一刀流を学んでいたようだ。「小兵でございますけれども、なかなか剣術はよく遣いまして、また文字(学問)もございます」(『史談会速記録』九〇輯)との評がある。

伊勢津藩主である藤堂和泉守高猷の御落胤ともされ、池田屋事件を伝える『京師騒動見聞雑記録』に「実は和泉守妾腹の末子とやらの噂の者に御座候由」とあって、自称ではあるのだろうが、そうした評判は流れていたようである。

近藤勇の試衛館に出入りするようになったのは、文久二年(一八六二)後半のことと考えられ、同三年二月に浪士組の一員として上京し、三月に壬生浪士組が結成されると副長助勤となる。

元治元年(一八六四)六月の池田屋事件では近藤とともに闘い、『京師騒動見聞雑記録』は「これ以前よりたびたびの鎮静の砌も、いつも先掛いたし候者の由」として「かねて魁先生と呼ばれ候ほどの者の由」と伝えるが、眉間を斬られて屋外に運び出された。しかし、重傷ではなかったようで、八月中には東下する近藤に先立って江戸へ向かい、伊東を新選組に勧誘している。

その後も江戸に残り、慶応元年(一八六五)に隊士募集のため東下した土方歳三とともに帰京。以後、組頭をつとめるが、慶応三年三月に御陵衛士を拝命した伊東らが分離した際は、美濃へ出張中だったため、帰京後に数日遅れで合流している。

同年十一月に伊東が新選組によって殺害されると、遺体引き取りのため御陵衛士の同志と七条通油小路の辻へ向かう。だが、現場で待ち伏せしていた隊士に殺害された。享年二十四。

山崎 丞

?〜慶応四年(一八六八)一月十三日

やまざき すすむ

山城国京都壬生村の出身。父親は林五郎左衛門という浪人で、妻を琴尾といった。これはのちに仙台か箱館で新選組に加入する山崎林五郎のことだ。

入隊は文久三年(一八六三)十二月までのことで、その印象は「三十二、三でしたろう、身体は大きい方で、色の黒い、あまりハキハキ口を利かぬ人でした」(『新選組遺聞』)という。間もなく諸士調役に任じられたようで、元治元年(一八六四)六月の池田屋事件に先立って京坂を探索しているが、事件には出動していない。

元治元年十一月の第一次『行軍録』では小荷駄方に属しているが、これは有事のさいには諸士調役と勘定方が小荷駄方を兼務したためだ。父親が大坂で鍼医師を開業していたと伝わり、それなりに医術の心得もあったようで、慶応元年(一八六五)には上京中の松本良順より緊急時の縫合法を習い、「我は新撰組の医師なり」(『蘭疇自伝』)と笑っていたという。

同年十一月に近藤勇が幕命によって長州訊問使に随行したさいには、吉村貫一郎らと広島へ同行し、近藤らが帰国しても吉村と広島に残り、翌年七月には報告のため帰京したものの、ふたたび広島へ向かったのだが、帰隊時期は不明である。

慶応三年六月の幕臣取り立て時には副長助勤に就任している。十二月に近藤が狙撃されて負傷したさいには大坂へ同行し、翌年一月の鳥羽・伏見の戦いでは五日の千両松の戦いで重傷を負い、大坂へ送られた。

新選組の江戸帰還では負傷者を収容した富士山丸に乗船して兵庫を出港するが、紀州由良沖に碇泊中に死亡し、水葬に付された。

『新選組遺聞』は明治後年に「林信太郎」が水葬の様子を語ったとするが、この林は明治元年(一八六八)に戦死しており、明らかに「林新次郎」と誤認したものだ。林家の過去帳によると、戒名は「顕光院貫月義実居士」という。

相馬主計

そうま かずえ

天保十四年（一八四三）～？

常陸国笠間の出身。父は笠間藩士の船橋平八郎といい、通称は太郎。水戸天狗党を率いた武田耕雲斎の志を継ぐため、慶応元年（一八六五）に脱藩し、伊予松山藩の竹内某に仕えて相馬主計を名乗る。翌年には松山藩兵として長州再征戦に従軍し、慶応三年十月ごろに相馬肇の名前で入隊した。

入隊時は仮隊士の「局長附人数」とされたが、やがて平隊士に抜擢され、十二月に大坂から伏見へ転陣するさいには「隊長附組頭」として、仮隊士を指揮した。

鳥羽・伏見の戦い後に新選組が江戸に帰還すると、三月には甲陽鎮撫隊の一員として出陣。敗走して五兵衛新田（足立区綾瀬）での駐留を経て、流山（千葉県流山市）で四月三日に近藤勇が新政府軍に出頭すると、江戸に潜行する土方歳三に同行した。

近藤救出のための書面を五日に板橋総督府へ届け出て、捕縛される。近藤の嘆願により、先に捕縛されていた野村利三郎とともに助命され、笠間藩預けとされるが脱出し、野村とともに江戸で潜伏した。

その後、彰義隊の春日左衛門と合流して旧幕艦で北上、陸軍隊の一員として戦う。仙台より蝦夷地へ渡航すると陸軍奉行添役に任じられ、相馬主殿と称した。

明治二年（一八六九）三月の宮古湾海戦では回天に乗船して負傷。五月十一日の箱館総攻撃では新選組とともに弁天台場に籠城、十五日には新選組隊長となって降伏した。旧幕軍幹部とともに東京へ送られた相馬は、明治三年に伊豆諸島の新島への終身流罪を命じられ、二年間を島で暮らし、同五年十月に赦免された。

在島中に娶ったマツとともに東京へ戻り、豊岡県（兵庫県北部）に出仕したこともあったが、官を辞して蔵前（台東区蔵前）に住み、マツの留守中に切腹したと伝わる。新選組供養塔に名前がないことから、建立された明治九年以後の死と思われる。

島田 魁

しまだ かい

文政十一年(一八二八)一月十五日〜明治三十三年(一九〇〇)三月二十日

美濃国厚見郡雄綱村の出身。父親は美濃郷士の近藤伊右衛門で、大垣藩士の島田才の養子になった。安政三年(一八五六)に江戸へ出て坪内主馬の道場で心形刀流を、大坂で谷万太郎より種田流槍術を学ぶ。力士のような体軀だったという。

入隊は文久三年(一八六三)五月以前で、やがて諸士調役となる。元治元年(一八六四)六月の池田屋事件では土方歳三の組に属して屋内で闘い活躍したが、のち失策があって平隊士に降格。慶応元年(一八六五)六月に三人の隊士が脱走すると、中山道を探るが、成果なく帰京している。

慶応二年以後は伍長となり、慶応三年十二月に近藤勇が御陵衛士残党に狙撃されたときには護衛をつとめており、伏見奉行所で衛士の間者だった小林桂之介を殺害する。翌年の鳥羽・伏見の戦いを経て江戸へ帰還すると、甲陽鎮撫隊の敗走後は五兵衛新田(足立区綾瀬)に駐留した。

近藤が新政府軍に出頭すると、江戸に潜行した土方に従い、五人の隊士と軍資金を運んだ。その後、土方らと鴻之台(千葉県市川市国府台)の旧幕軍に合流し、軍監として北関東を転戦する。

会津戦争では軍目をつとめ、仙台から蝦夷地へ渡ると守衛新選組を率い、松前攻略戦に従軍。明治二年(一八六九)五月に籠城先の弁天台場で降伏すると、台場と青森・弘前の寺院で謹慎した後、名古屋藩に預けられ、三年に禁錮を解かれた。

京都に戻った島田は、十九年より三十三年まで西本願寺の夜間守衛をつとめたが、退職一カ月後に死亡した。享年七十三。『島田魁日記』ほか数々の遺品は、新選組を知るうえで欠かすことができない。

東大谷墓地にあった島田魁の墓(京都市東山区)。現在は大谷祖廟に納骨されている。

佐伯又三郎

?～文久三年（一八六三）八月十日

さえき またさぶろう

長州の出身とされるが、会津藩士の『世話集聞記』には「江戸」の出身とある。また、長く大坂に暮らしていたともされ、年齢は二十四、五歳とも二十六、七歳とも伝わる。

浪士組加盟者ではなく、壬生浪士組が結成される直前に斎藤一とともに合流しているのだが、どのような接点があったのかは不明。壬生浪士組結成後は副長助勤に就任し、四月に松平容保の前で武術稽古を披露したさいには、免許皆伝の平山五郎と対戦しており、相応の実力がある神道無念流の遣い手だったと思われる。

佐伯を長州の脱藩者として、壬生浪士組に入ったことを恨んだ長州藩士の久坂玄瑞が殺害したとする説もあるが、実際には「芹沢の気に入りで、よく傍について歩いていました」（『新選組遺聞』）というものの、芹沢が愛用していた高価な煙草の根付けを盗んだことが原因で殺害されたようだ。

「根付けを盗んだことは、父（八木源之丞）も、近藤（勇）や、その他の人達から聞いていたのですから本当でしょう」（『新選組遺聞』）との談話があり、佐伯の遺体が発見されると、「壬生に在留の浪士のうち、何か心得違いの筋ありて、同組の人より討ち果たし候よし」（『みやこのにしき』）と記録されている。

墓碑が建立された様子がないのは、盗人を同志とは認めなかったためだろう。

新見 錦

天保七年（一八三六）～文久三年（一八六三）九月十三日

にいみ にしき

常陸国水戸の出身。江戸に出て岡田助右衛門の道場で神道無念流を学んだ。その後、水戸に戻って芹沢鴨らと過激な攘夷運動を行ったため、藩庁によって捕縛されたようだが、文久二年（一八六二）末の大赦で放免されると、芹沢らとともに幕府募集の浪士組に加盟した。

文久三年三月に壬生浪士組が結成されると、芹沢鴨・近藤勇とともに局長となり、四月に大坂の平野屋で百両の金策をしたさいの「口上覚」に、芹沢・近藤とともに署名している。乱暴な性格だったと伝えられ、それによる不始末があったのか、六月までに副長へ降格された。

永倉新八はその最期について、『浪士文久報国記事』では在京中の水戸藩士である吉成常郎（恒次郎か）の宿で乱暴を働いたため、梅沢某（孫次郎か）の介錯によって切腹したとする。しかし『新選組奮戦記』では祇園の貸座敷で、近藤らにこれまでの罪状を突き付けられて切腹したとしている。

遺体は壬生墓地に埋葬されたが、「新見錦」の名前を刻んだ墓碑はない。おそらくは壬生寺に移された七人連名の墓碑に刻まれた「田中伊織」が、その別称と考えられる。享年二十八。

新見を水戸浪士の新家久米太郎の変名とする見解もあるが、新家は同年九月十五日に山口県防府市で死亡し、墓碑が建立されていたことが確認されており、明らかに別人である。

平山五郎　ひらやま ごろう

文政十二年(一八二九)~文久三年(一八六三)九月十六日

播磨国姫路の出身。水戸あるいは加賀の出身ともされるが、平山が剣術修行中の安政六年(一八五九)、相模国の萩原道場を訪れたときに署名した名簿に「姫路藩　神道無念流　堀川福太郎門人」とあり、『同志連名控』には斎藤弥九郎の練兵館道場の免許皆伝とされている。

芹沢鴨らとの接点は不明だが、芹沢の同志らとともに浪士組に加盟し、壬生浪士組が結成されると副長助勤をつとめた。「左の方の目がつぶれていて目ッかちです」(『新選組遺聞』)とのことだが、不自由な目のほうから打ち込まれても、見事に切り返し、逆に右目のほうには隙があったという。

文久三年(一八六三)五月に新見錦が降格すると、芹沢に重用されたようだ。同年八月十八日の政変に御所へ出動し、同月下旬には四条通堀川の米穀商に押し込みがあると、永倉新八・斎藤一らとともに踏み込み、賊を撃退したが、そのときに軽傷を負っている。

九月十六日、島原の角屋で新選組の会議が開かれ、宴席が始まると間もなく、芹沢・平間重助とともに壬生へ帰る。八木家の母屋で酒を飲み、寝所で熟睡中を襲われ、芹沢とともに死亡した。享年三十五。

葬儀は神式で執り行われ、遺体は壬生共同墓地に運ばれると、南側に芹沢、北側に平山が頭をつき合わせるように埋葬されたという。

楠 小十郎　くすのき こじゅうろう

?~文久三年(一八六三)九月二十六日

京都浪士とされるが、出身地は不明。文久三年(一八六三)六月に入隊したが、年齢は十七歳で「まだ前髪が取れたばかりの、小姓のような侍で、星のように目のぱっちりとした色の白い下ぶくれの顔、声までが女のように優しかった」(『新選組物語』)そうだ。

同時期に在隊していた、二十歳前後の佐々木愛次郎・山野八十八・馬越大太郎(三郎)・馬詰柳太郎とともに「隊中美男五人衆」と称されたという。

『新選組物語』は、楠は長州藩の出身で京都育ちだったため、同藩の桂小五郎の命を受けて間者として入隊したとするが、事実関係は明らかではない。

しかし、久留米の神官で攘夷過激派の真木和泉は、在京中の七月十七日の日記に「夜、楠十来たる」(『真木和泉守遺文』)との記述を残しており、この「楠十」が楠小十郎のことと思われ、間者説を裏付けている。また、隊士名簿『英名録』の末尾にも「楠太紋」として、粛清された芹沢鴨らと名を連ねている。

同様に間者として入隊していた御倉伊勢武らが前川邸で粛清されたさいに、自分の正体も露見したものと思って逃げ出したが、原田左之助に首を斬られた(『新選組奮戦記』)と伝わる。また、前川邸の門前に立っていたところを、門内から原田の一太刀を浴び、逃げたものの水菜畑で追いつかれ、そこで殺害された(『新選組物語』)ともいう。

野口健司

のぐち けんじ

天保十四年（一八四三）～文久三年（一八六三）十二月二十七日

常陸国水戸の出身。十代で江戸に出て百合元昇三の道場で神道無念流を学び、目録を与えられる。百合元道場には永倉新八も通っており、そこで永倉と知り合った可能性もある。

芹沢鴨との接点は不明だが、ともに浪士組に加入し、六番に所属して上京した。壬生浪士組結成後は副長助勤となり、文久三年（一八六三）四月に金策のために下坂したときに、平野屋五兵衛方への借用書に永倉新八・沖田総司・土方歳三とともに名前を残している。

九月十六日の芹沢鴨・平山五郎の暗殺時には、島原に残っていたために無事だった。その後も「最後の芹沢グループ」でありながら隊務を続けていたが、「何か詰まらぬ事から」（『新選組遺聞』）詰め腹を切らされたようだという。

切腹の理由は明らかではないが、この十二月には水戸人が壬生浪士の名前を騙り、近江国へ出没して問題を起こしていたため、村人が新選組に窮状を訴えていた。また、水戸浪士らが悪事を働いていることから、幕府は彼らの捕殺を通達している。

芹沢グループの一掃をはかる近藤らが、これらを利用して野口を切腹に追い込んだ可能性がある。まさに「詰まらぬ」理由だ。享年二十一。

切腹は前川家の北西の角部屋で行われ、光縁寺に埋葬された。以後、新選組は隊士たちを同寺に埋葬するようになる。

松原忠司

まつばら ちゅうじ

?～慶応元年（一八六五）九月一日

播磨国小野の出身。何らかの理由で小野藩の処分を受け、大坂に出て、北辰心要流の柔術道場を開き、松原柳趙斎と名乗っていた。

壬生浪士組へは文久三年（一八六三）五月までに二人の門弟とともに入隊し、道場を経営しながら隊務についていた。八月十八日の政変時には「坊主頭なりしが、鉄入りの城鉢巻きを締めて、大薙刀を横たえたる形勢は、古往の武蔵坊弁慶もさもあらんか」（『新撰組始末記』）とされ、『桜井慶次郎日記』は松原のことを「今弁慶」と記している。

元治元年（一八六四）六月の池田屋事件では、土方歳三の組に属して屋外の警備を行い、十一月の第一次『行軍録』では七番の組頭をつとめた。ところが、その後に何らかの失策を犯したのか、切腹をはかる。制止されるが、傷が癒えて隊務に復帰したときには平隊士に降格されていた。慶応元年（一八六五）五月以前のことで、『取調日記』所収の隊士名簿には小荷駄方の一隊士として記録されている。

松原には「壬生心中」という、自分が殺害した武士の妻と懇ろになって心中死をとげたとするエピソードがある。しかし、それは「慶応二年五月」のこととされ、現実とは大きく異なる。

松原の死因は切腹傷の悪化によるものであり、『同志連名控』にも「病死」とされている。享年は二十九前後だったようで、光縁寺に墓碑がある。

谷三十郎

たに さんじゅうろう

?～慶応二年(一八六六)四月一日

備中国松山の出身。松山藩士である谷三治郎の長男として生まれる。弟に万太郎と昌武がいた。種田流槍術と神明流剣術を修め、安政元年(一八五四)に家督を相続するが、二年後には失策のため家は断絶となり、弟たちと前後して大坂に出て槍剣術の道場を開く。

三十郎の在隊が確認できるのは、元治元年(一八六四)六月の池田屋事件で、このとき土方歳三の組に属して池田屋に駆けつけ、屋内で闘っている。

同年十一月の第一次『行軍録』で八番の組頭をつとめる一方、弟とともに道場の経営も行っていた。そのため慶応元年(一八六五)一月には、大坂で市中への放火を計画する過激派と闘い、一人を殺害するという「ぜんざい屋事件」に遭遇している。

三十郎の死については、斎藤一が祇園石段下で殺害したとされるが、これは『新選組物語』によるフィクションである。同書では、三十郎が慶応三年に切腹した隊士の介錯を失敗したことを殺害理由としているのだが、このときすでに三十郎は死亡しているので、事実でないことは明白だ。

三十郎は『新撰組始末記』が「故なくして頓死す」とし、『近世雑話』が「卒中にて急死せりと云う」としているように急病死を遂げたと思われる。

光縁寺の過去帳に記録はあるが、万太郎が建立した墓碑が大阪市北区の本伝寺にある。

服部武雄

はっとり たけお

天保三年(一八三二)～慶応三年(一八六七)十一月十八日

播磨国赤穂の出身。元治元年(一八六四)九月に伊東甲子太郎の同志で、ともに入隊する篠原泰之進と交流があり、その関係から伊東らのグループに加わって上京した。名簿に服部の名前はないが、篠原が同行者としているので、名簿中にある「中村小六」と変名していた可能性がある。

同年十一月の第一次『行軍録』では五番に所属しているが、慶応元年(一八六五)五月には諸士調役に昇進していたものと思われる。翌年の三条制札事件に出動し、「目付役」として千疋(二・五両)の褒賞金を与えられ、同年の名簿では「監察」と記録される。

慶応三年三月には伊東らとともに新選組を分離して御陵衛士となり、そのとき名を武雄から三郎兵衛と改めたようだ。十一月十八日の油小路事件では、御陵衛士に随行していた賄方の武兵衛が「服部には大男にて至って剛力也。大刀を振り廻し、ひときわ相働き候」(『編年雑録』)と語るように、二刀流を駆使して数人の隊士に傷を負わせたという。

このとき原田左之助に刀で刺されて死亡するが、事件後の現場の目撃談によると、服部は両刀を左右の手に握ったままで倒れていたという。享年三十六。

遺体は翌日も放置され、二十日に新選組が光縁寺に葬ったが、翌年三月に同志の手によって戒光寺墓地に改葬された。

井上源三郎

いのうえ げんざぶろう

文政十二年（一八二九）～慶応四年（一八六八）一月五日

武蔵国日野宿の出身。八王子千人同心である井上藤左衛門の三男として生まれ、日野宿名主の佐藤彦五郎の道場で近藤周助より天然理心流を学ぶ。

二十歳で目録、三十二歳で免許を皆伝した。安政五年（一八五八）に日野の天然理心流一門が八坂神社に献額したさいに、兄の松五郎とともに「一重」の諱で名前を連ねている。

浪士組の一員として上京後、近藤勇らとともに京都へ残留し、壬生浪士組が結成されると副長助勤に就任したが、元隊士の近藤芳助は井上を「副長助勤と名称し、局長会議に参与する務めなり。しかしながら文武とも劣等の人なり」（『新撰組往事実戦談書』）と評している。

元治元年（一八六四）六月の池田屋事件では土方歳三の組に属し、近藤勇らが闘う池田屋へ駆けつけると屋内に投入され、一人を斬り捨てたと伝わる。

第一次『行軍録』では三番の組頭となり、慶応二年（一八六六）九月には新選組の資金調達のため京都の三井両替店へ派遣された。翌年九月には土方とともに隊士募集のため江戸へ下り、郷里に錦を飾った。

鳥羽・伏見の戦いに出陣したが、一月五日の千両松の戦いで被弾し、死亡した。享年四十。

日野市の菩提寺である宝泉寺に、「誠願元忠居士」の戒名が刻まれた墓碑があるが、命日は「一月四日」とされている。寺内には顕彰碑もある。

吉村貫一郎

よしむら かんいちろう

天保十一年（一八四〇）～慶応四年（一八六八）一月十五日

陸奥国盛岡の出身。藩命により江戸の北辰一刀流道場の玄武館に学ぶが、慶応元年（一八六五）二月に脱藩し、同年四月の土方歳三による隊士募集に応じた。このときに「吉村貫一郎」と名乗るが、本名は嘉村権太郎といった。父親は二百石取りの盛岡藩士である嘉村弥次兵衛だ。

入隊早々から剣の実力を認められていたようで、五月には諸士調役に就任している。また、同時期に定められた師範制では、撃剣師範に任じられた。

十一月に近藤勇が幕命によって長州訊問使に随行したさいには、山崎烝らとともに広島へ同行し、近藤らが帰国しても山崎と広島に残って、翌年六月過ぎまで探索活動を行った。

『新撰組始末記』は吉村の最期を、鳥羽・伏見の戦いで大坂へ敗走し、本隊とはぐれた吉村は、盛岡藩の大坂仮屋敷におもむいて知人を頼ったが、新選組隊士だったことを責められ、その一室で切腹したと伝える。

しかし、『元新選組連名』は「大坂にて脱走」、『同志連名控』は「殺害せらる」としており、現実には敗走中に本隊とはぐれ、某所に潜伏中を殺害されたものと思われる。

嘉村家の過去帳は嘉村権太郎の命日を「明治三年正月十五日」としており、「三年」は「元年」の誤記・誤認として、この日が吉村貫一郎の命日ということになる。享年二十九。

野村利三郎 のむら りさぶろう

弘化元年（一八四四）～明治二年（一八六九）三月二十五日

美濃国大垣の出身。六之井（岐阜県池田町）とも。慶応三年（一八六七）十月ごろに入隊し、仮隊士である「局長附人数」となる。翌年の鳥羽・伏見の戦いを経て新選組は江戸に帰還し、甲陽鎮撫隊の敗走後は五兵衛新田の金子家に駐留するが、このときには「御附人」とされる。

四月三日に転陣先の流山で近藤勇が新政府軍に出頭すると、近藤に同行したが、近藤の正体が露見して板橋で捕縛された。近藤とともに処刑されるはずだったが、処刑を前に近藤が助命を願い出たことにより、旗本の加藤家の預りとなる。

しかし、護送中に逃走して江戸に潜伏すると、上野戦争に敗れた彰義隊の春日左衛門らとともに、旧幕艦で久ノ浜（福島県いわき市）に上陸後、春日の陸軍隊に加わった。

その後、平潟方面で戦い、仙台で旧幕軍に合流して蝦夷地へと渡る。ここで新選組に復隊したようだが、蝦夷平定後は陸軍奉行添役介に任じられた。

明治二年（一八六九）三月二十五日の宮古湾海戦では、回天より甲鉄に移乗して闘ったが、帰艦時に海に落ちて死亡したようだ。享年二十六。

戦後間もなく、湾内の藤原海岸にスクリューで切断されたのか、首のない旧幕軍兵士らしい遺体が漂着し、土地の人々が藤原観音堂に葬り、「忠岳義釼居士」として葬った。これが野村であった可能性もあるようだ。

大石鍬次郎 おおいし くわじろう

天保九年（一八三八）～明治三年（一八七〇）十月十日

武蔵国江戸の出身。一橋家家臣である大石捨二郎の長男として生まれる。小野派一刀流の遣い手と記録されるが、近藤勇の門下で天然理心流を学んでいた。元治元年（一八六四）九月の近藤による隊士募集に応じ、十一月の第一次『行軍録』では一番に所属する。

慶応二年（一八六六）九月の三条制札事件に出動し、「目付役」として千疋（二・五両）の褒賞金を与えられた。同年の名簿では「監察」と記録されるが、出世欲が強く、「大石と申す人は、元来禄を貪り、進席を悦び候人……」（『藤岡屋日記』）との評もある。

慶応三年十一月の油小路事件では、宮川信吉らと伊東甲子太郎の帰途を待ち伏せて殺害し、十二月の天満屋事件にも出動した。翌年二月には甲陽鎮撫隊の出陣に先立って甲州へ出張、三月の戦いで、江戸へ敗走する。

しかし、五兵衛新田での駐留中に脱走し、薩摩軍に従軍していた元御陵衛士の加納鷲雄らに捕らえられると、新政府兵部省へ送られて坂本龍馬暗殺事件についての取り調べを受けた。いったんは殺害を認めたものの、明治三年（一八七〇）二月に刑部省での調べで否認したが、伊東殺害は公務ではなく私闘とされ、斬首刑の判決が下される。

処刑当日、大石は伊東殺害が公務であったと主張したが、受け入れられるはずもなく、斬首された。享年三十三。

安富才助 やすとみ さいすけ

天保十年（一八三九）～明治六年（一八七三）五月二十八日

備中国足守の出身。父親は足守藩士の安富正之進といい、嘉永五年（一八五二）に家督を相続するが、文久三年（一八六三）に妻と死別後、脱藩する。元治元年（一八六四）九月の江戸での隊士募集に応じ、十一月の第一次『行軍録』では四番に所属し、慶応元年（一八六五）五月の編制では四番の伍長、同時期に馬術師範にも任じられている。

慶応三年六月の幕臣取り立て時には諸士調役となるが、のちに勘定方に転出した。翌年一月の江戸帰還後は小荷駄方を兼務したようだが、甲陽鎮撫隊の敗走後に駐留した五兵衛新田では「勘定所」とされ、流山で近藤勇が新政府軍に出頭すると、隊士を率いて会津へ向かい、隊長役の斎藤一（山口次郎）に次ぐ副長役をつとめる。

仙台より蝦夷地に渡ると、陸軍奉行添役となって土方歳三を補佐した。明治二年（一八六九）五月十一日に土方が戦死すると、それを土方の実家に報じる手紙を書く。

五稜郭の降伏の前日には、降意を伝える使者の一人として、榎本武揚らとともに新政府軍の陣営におもむいている。降伏後は各地での謹慎生活後、足守藩に送られて禁錮となるが、翌年三月に放免された。

『新撰組始末記』は、江戸で元御陵衛士の阿部十郎に殺害されたとするが、足守での死亡が確認されている。享年三十五。墓は岡山市北区の田上寺にある。

平間重助 ひらま じゅうすけ

文政七年（一八二四）～明治七年（一八七四）八月二十二日

常陸国行方郡の出身。水戸藩郷士の芹沢氏の用人だった平間勘右衛門を父親とし、二十一歳のときには水戸藩の軍事訓練に、芹沢一族に加わって参加している。芹沢鴨取り立ての門人で、神道無念流目録の腕前だったという。

妻帯しており、嘉永元年（一八四八）には長男が誕生する。文久二年（一八六二）に芹沢が大赦で放免されると、ともに江戸へ出て浪士組に加盟した。壬生浪士組が結成されると勘定方をつとめ、のちに副長助勤となる。

九月十六日、島原の角屋で新選組の会議が開かれ、宴席が始まると間もなく芹沢・平山五郎とともに壬生へ帰り、八木家の母屋で酒を飲み、平間は式台左手の四畳半に島原から連れ帰った輪違屋の糸里と就寝した。間もなく芹沢と平山は殺害されたが、平間はその対象とされていなかったようで、女とともに無事だった。

京都を脱した平間は岩手県で養蚕教師となり、明治二十三年（一八九〇）までは存命していたとされていたが、これは事実ではなかった。郷里へ帰った平間は近所の家の離れ座敷を借り、ひっそりと暮らしたという。

明治三年には孫にも恵まれ、五十一歳で死亡。行方市芹沢にある芹沢家の菩提寺である法眼寺に埋葬された。戒名を「孤月冷淋居士」という。同寺には現在、芹沢と連名の顕彰碑が建てられている。

谷万太郎

たに まんたろう

天保六年（一八三五）～明治十九年（一八八六）六月三十日

備中国松山の出身。松山藩士である谷三治郎の次男として生まれる。兄に三十郎、弟に昌武がいた。

安政元年（一八五四）に三十郎が家督を相続するが、二年後に失策を犯して家は断絶となり、兄弟と前後して大坂へ出て二人で槍剣術の道場を開く。この道場で原田左之助と島田魁が槍術を学んだ。

壬生浪士組への入隊が確認されるのは文久三年（一八六三）九月のことで、元治元年（一八六四）の池田屋事件では近藤勇の組に属し、屋外の守備についていた。同年十一月の第一次『行軍録』では平隊士として二番に所属している。

慶応元年（一八六五）一月には在坂中に過激派が市中への放火を計画しているとの情報を得て、兄や門人と潜居先へ踏み込み、浪士一人を殺害した。「ぜんざい屋事件」だ。この門人の一人が池田屋事件以前に脱走し、のちに再入隊する阿部十郎であり、情報をもたらしたのが、のちに隊士となる谷川辰蔵である。

事件が評価されたのか、万太郎は五月には伍長となっていたことが確認されるが、翌年四月に三十郎が病死すると、道場経営に専念するためか除隊した模様である。

明治になって道場経営は難航し、入隊前に迎えていた妻と別れ、不遇のうちに五十二歳で死亡した。墓は大阪市北区の本伝寺にある。

中島登

なかじま のぼり

天保九年（一八三八）二月二日～明治二十年（一八八七）四月二日

武蔵国多摩郡寺方村の出身。八王子千人同心である中島又吉の長男に生まれ、近藤勇とは別派の天然理心流を学ぶ。慶応三年（一八六七）十一月下旬前後の隊士名簿である『京都ヨリ会津迄人数』で、仮隊士の「局長附人数」とされているが、入隊は新選組の江戸帰還後であった可能性が高い。

慶応四年四月に流山で近藤勇が新政府軍に出頭すると、救出のため江戸へ潜行した土方歳三を追って合流し、島田魁ら五人の隊士とともに旧幕軍に加わる。会津戦争を経て蝦夷地へ渡り、第二分隊の嚮導役となるが、明治二年（一八六九）五月に籠城先の弁天台場で降伏した。

その後の謹慎中に『中島登覚書』『戦友姿絵』の筆を執り、翌年四月に静岡藩へ送られて八月に放免されると、日野の土方家を訪れる。このとき『中島登覚書』が筆写され、また、横倉甚五郎から預かった『日記控』を多摩郡堀之内の横倉家に届けた。

明治四年には元八王子千人同心である井上某の名跡を継いで、静岡藩の白須賀開墾に加わるが、浜松で元陸軍奉行添役の大島寅雄と再会し、その勧めで浜松に暮らす。

流行していた葉蘭づくりに成功して生活は潤い、十七年には銃砲店を開業する。「たかくとも五十の峠を安々と越ゆれば御代の春ぞ長閑けき」と詠み、五十歳の年に生涯を閉じた。墓は浜松市の天林寺にある。

尾形俊太郎

おがた しゅんたろう

天保十年(一八三九)四月二十六日～大正二年(一九一三)六月十三日

肥後国熊本の出身。三嶋源弥の長男として生まれる。国学に長じていたが、いつのころか出奔し、三嶋氏の始祖の苗字である尾形を名乗り、文久三年(一八六三)六月に入隊した。

元治元年(一八六四)六月の池田屋事件には出動せず、病気か隊務のため屯所に残っていたらしい。九月に近藤勇が東下したときに同行し、十一月の第一次『行軍録』では五番の組頭となる。だが、何か失策があったのか慶応元年(一八六五)五月と六月の隊士名簿では平隊士に降格され、九月の第二次『行軍録』でも組頭とはされていない。

しかし、同年十一月の近藤の幕命による広島出張、翌年一月の広島再出張には同行し、信頼を回復した模様であり、同年後半には組頭に復し、慶応三年六月にも副長助勤をつとめる。

翌年一月の鳥羽・伏見の戦いで負傷したようで、片方の目が不自由だったという。三月の甲陽鎮撫隊の敗走後には斎藤一(山口次郎)の一行と会津へ向かったが、会津では無役、あるいは「隊長付士官」とされる。

母成峠の戦い後の八月二十五日に新選組を脱走し、熊本へ帰る。翌明治二年(一八六九)五月に林次郎助の長女のタヅと結婚し、同十二年に家督を相続、二十六年に養子として寅熊を迎えた。鹿本郡の嶽間村で私塾を開いていたが、同四十四年にタヅと死別して郷里に帰った。享年七十五。

三木三郎

みき さぶろう

天保八年(一八三七)七月十二日～大正八年(一九一九)七月十一日

常陸国新治郡志筑の出身。鈴木専右衛門の次男で、伊東甲子太郎の弟。父親が志筑を追われ、他領で私塾を開き、亡くなると塾を継いだという。その後、寺内家の養子となるが、酒で失敗して離縁され、江戸に出た。

元治元年(一八六四)九月に兄とともに江戸で新選組に入隊し、十一月の第一次『行軍録』では三番の組に属し、慶応元年(一八六五)五月には諸士調役となる。『新撰組始末記』の編制表では、この年に九番組頭とされるが、組頭就任が確認されるのは翌年九月のことである。

慶応三年三月には兄とともに新選組から分離するが、油小路事件で兄と同志を失い、伏見の薩摩藩邸に潜伏した。翌年一月の鳥羽・伏見の戦いでは薩摩軍の一員として出陣、左手に被弾する。その後、赤報隊に参加して二番組の隊長をつとめ、鈴木三樹三郎を名乗った。

赤報隊の進軍中に京都への帰還命令を受け、帰京すると金策の罪で投獄されたが、三月に赦免され、六月には新政府軍の軍曹に任じられる。その後、東京の両国橋で永倉新八と遭遇したが、事件に至らずに済んだ。

明治二年(一八六九)七月に弾正台少巡察となって東京に勤務し、翌年三月に伊東らの遺体を戒光寺墓地に改葬した。その後は各県で官職につき、同十八年に辞して茨城県石岡で余生を送り、八十三歳で死亡した。墓は石岡市若宮の東耀寺にある。

第四章

過去問に挑戦

「新選組検定」の過去問（4級〜1級）を解いてみよう

4級

【問1】
土方歳三が売り歩いていたとされる家伝薬の名前は何というでしょうか。

① **西田散薬**
② **石田丸薬**
③ **石田散薬**
④ **土方散薬**

【問2】
試衛館道場で近藤勇が指南していた剣術の流派はどれでしょうか。

① **北辰一刀流**
② **鏡新明智流**
③ **神道無念流**
④ **天然理心流**

【問3】
浪士組は誰の策謀で結成されたでしょうか。

① **近藤勇**
② **清河八郎**
③ **芹沢鴨**
④ **松平容保**

4級

【問4】

「浪士組」は上洛する将軍を警護するという名目で京都に送りこまれました。その将軍とは誰でしょうか。

① **徳川慶喜**

② **徳川家定**

③ **徳川家茂**

④ **徳川家慶**

【問5】

沖田総司は何藩の藩士の息子だったでしょうか。

① **白河藩**

② **仙台藩**

③ **会津藩**

④ **水戸藩**

【問6】

次のうち切腹していないのは誰でしょうか。

① **山南敬助**

② **野口健司**

③ **近藤勇**

④ **新見錦**

【問7】

土方歳三の死因はなんでしょうか。

① **被弾**

② **切腹**

③ **斬首**

④ **病死**

4級

【問8】

新選組の京都における最初の屯所はどこにあったでしょうか。

① 不動堂村

② 壬生村

③ 西本願寺

④ 元伏見奉行所

【問9】

西村兼文の『新撰組始末記』に掲載される1番組から10番組までの編制表で伊東甲子太郎の役職は何とされているでしょうか。

① 参謀

② 局長

③ 総長

④ 副長

【問10】

土方歳三が亡くなったのは明治2年(1869)5月の何日でしょうか。

① 2日

② 9日

③ 11日

④ 21日

3級

【問1】

新選組の働きが認められて近藤勇が幕臣に取り立てられることになり、近藤は将軍に謁見ができる身分となりましたが、次のうちのどの身分でしょうか。

① 御家人

② 守護

③ 足軽

④ 旗本

【問2】

三鷹市にある近藤勇の墓はなんという寺にあるでしょうか。

① 龍平寺

② 龍国寺

③ 龍源寺

④ 龍山寺

【問3】

沖田総司は江戸千駄ヶ谷にあった池尻橋付近の植木屋平五郎方で亡くなりましたが、そこは現在の東京都の何区でしょうか。

① 新宿区

② 渋谷区

③ 港区

④ 世田谷区

3級

【問4】

壬生村に近い光縁寺には多くの隊士が葬られています。次のうち墓石や過去帳に埋葬の記録があるのは誰でしょうか。

① **松原忠司**

② **芹沢鴨**

③ **土方歳三**

④ **武田観柳斎**

【問5】

近藤勇の天然理心流道場「試衛館」は、現在の東京都のどこにあったでしょうか。

① **八王子市**

② **新宿区**

③ **板橋区**

④ **調布市**

【問6】

三木三郎（鈴木三樹三郎）はある隊士の実の弟ですが、その兄は誰でしょうか。

① **伊東甲子太郎**

② **富山弥兵衛**

③ **篠原泰之進**

④ **佐野七五三之助**

3級

【問7】

中島登の『戦友姿絵』に描かれた土方歳三は、片手にある物を持っています。左右どちらの手に、何を持っているのでしょうか。

① 右手に小旗

② 右手に抜き身の刀

③ 左手に拳銃

④ 左手に槍

【問8】

近藤勇と土方歳三の永遠の別れとなった場所は、現在の何市でしょうか。

① 千葉県流山市

② 東京都調布市

③ 東京都日野市

④ 山梨県甲府市

【問9】

『新選組物語』によると、千駄ヶ谷で療養中の沖田総司は庭にくる動物を斬ろうとして果たせなかったそうです。その動物は何でしょうか。

① 犬

② 蛇

③ 猫

④ 鶏

3級

【問10】

芹沢鴨が暗殺される前に新選組が宴会を開いていた店はどこでしょうか。

① **玉屋**
② **角屋**
③ **郷屋**
④ **輪違屋**

【問11】

山南敬助が切腹した月日は、新選組にとって「記念日」でもありました。その記念すべきこととは何でしょうか。

① **近藤勇の誕生日**
② **浪士組の入京日**
③ **壬生浪士組の成立日**
④ **隊旗の作製日**

【問12】

福島県の阿弥陀寺にある斎藤一の墓には「○○家之墓」と刻まれています。○○に当てはまるのはどれでしょうか。

① **藤田**
② **一瀬**
③ **山口**
④ **斎藤**

3級

【問13】

新選組の隊旗といえば「誠」の一字が描かれたものが知られていますが、慶応元年（1865）に書かれた『甲子戦争記』は、隊旗に２文字が描かれていたことを伝えています。その２文字とはどれでしょうか。

① **誠忠**

② **赤誠**

③ **誠魂**

④ **忠誠**

【問14】

浪士組の上京中、宿の用意を忘れられた芹沢鴨が怒って、ある宿場で大篝火を焚いたというエピソードを永倉新八が伝えていますが、どこでのこととされているでしょうか。

① **奈良井宿**

② **長久保宿**

③ **本庄宿**

④ **下諏訪宿**

【問15】

慶応元年（1865）、新選組は屯所を八木邸からどこに移したでしょうか。

① **西本願寺**

② **八坂神社**

③ **不動堂村**

④ **高台寺**

3級

【問16】

次の3人の隊士は、いずれも文久3年中に死亡しています。早く死亡した順に記されているのはどれでしょうか。

① **新見錦 → 芹沢鴨 → 野口健司**
② **芹沢鴨 → 新見錦 → 野口健司**
③ **新見錦 → 野口健司 → 芹沢鴨**
④ **野口健司 → 新見錦 → 芹沢鴨**

【問17】

慶応元年（1865）、ある幕府典医は将軍徳川家茂に随従して入京すると、新選組の屯所を訪れ、病気の隊士たちを診察しました。この幕府典医とは誰でしょうか。

① **上野彦馬**
② **松本良順**
③ **高松凌雲**
④ **緒方洪庵**

【問18】

土方歳三の身長については『両雄士伝補遺』に尺貫法で記されていますが、センチメートルに換算するとどれくらいになるでしょうか。

① **約159センチメートル**
② **約163センチメートル**
③ **約167センチメートル**
④ **約171センチメートル**

【問19】

甲州勝沼の戦いの後に新選組から離れ、靖共隊を結成したのは誰でしょうか。

① 永倉新八
② 土方歳三
③ 斎藤一
④ 島田魁

【問20】

伊東甲子太郎は、新選組内で何の師範を務めたでしょうか。

① 撃剣師範
② 砲術師範
③ 文学師範
④ 槍術師範

復元された甲府城稲荷櫓（山梨県甲府市）。鳥羽・伏見の戦いに敗走後、江戸に帰還した新選組は甲陽鎮撫隊を結成し、新政府軍の江戸進出を防ぐため、甲府城の占拠を計画した。

2級

【問1】

明治2年(1869) 3月の宮古湾海戦で敵艦・甲鉄に移乗し、戦死を遂げた京都時代からの新選組隊士がいます。それは誰でしょうか。

① 野村利三郎
② 相馬主殿(主計)
③ 安富才助
④ 甲賀源吾

【問2】

慶応4年 (1868) 4月、宇都宮城の防衛戦で負傷した土方歳三は会津城下の旅館に投宿しますが、そこで出会った旧幕臣と口論になり、別れ際にある物を投げ付けたと伝わっています。何を投げたのでしょうか。

① キセル
② 座布団
③ 枕
④ 扇子

【問3】

浪士組の上京中、6番の小頭だった近藤勇は、ある役職への異動を命じられました。何という役職に変更となったのでしょうか。

① 道中目付
② 先番宿割
③ 取締役手付
④ 狼藉取締役

2級

【問4】

斎藤一は生涯に何度も名前を変えていますが、名乗ったことのない名前はどれでしょうか。

① 山口次郎
② 藤田五郎
③ 一瀬伝八
④ 山口五郎

【問5】

子母沢寛には「新選組三部作」といわれる著書がありますが、著者が違うのはどれでしょうか。

① 『新選組始末記』
② 『新選組遺聞』
③ 『新選組物語』
④ 『新選組血風録』

【問6】

元治元年11月に作成された『行軍録』で「3番」の組長(組頭)とされているのは誰でしょうか。

① 永倉新八
② 原田左之助
③ 井上源三郎
④ 三木三郎

2級

【問7】

慶応3年（1867）11月に殺害された御陵衛士の伊東甲子太郎らの遺体は、新選組によって光縁寺に埋葬されましたが、翌年3月には同志の手によって別の寺院の墓地に改葬されました。現在も墓碑が並ぶ寺院の名称は何というでしょうか。

① 壬生寺
② 戒光寺
③ 泉涌寺
④ 金戒光明寺

【問8】

鳥羽・伏見の戦いののち、新選組は2隻の船で江戸に帰還しますが、1隻は順動丸、もう1隻の船名は何だったでしょうか。

① 開陽丸
② 富士山丸
③ 三嘉保丸
④ 咸臨丸

【問9】

文久3年（1863）3月、近藤勇たちは会津藩主である松平容保の預りという身分を与えられましたが、当時、会津藩が本陣としていた寺院は何といったでしょうか。

① 戒光寺
② 善立寺
③ 金戒光明寺
④ 智積院

2級

【問10】

多くの新選組隊士が埋葬された光縁寺の寺紋は「立葵（たちあおい）」で、これはある幹部隊士の家紋と同じとされています。その幹部隊士とは誰でしょうか。

① **沖田総司**
② **斎藤一**
③ **山南敬助**
④ **伊東甲子太郎**

【問11】

山南敬助が商家に押し入った賊と闘ったとき、刀が折れるという事件がありました。その商家はどれでしょうか。

① **岩城升屋**
② **鴻池**
③ **平野屋**
④ **加島屋**

【問12】

箱館戦争終結後の謹慎生活を経て、新選組が屯所としていた西本願寺の夜間警備員となった隊士がいます。それは誰でしょうか。

① **山野八十八**
② **斯波良作**
③ **島田魁**
④ **神崎一二三**

2級

【問13】

近藤周助の養子となった近藤勇は、近藤姓を名乗る前に別の姓を名乗っていました。それは何でしょうか。

① **蔭山**

② **福田**

③ **寺尾**

④ **島崎**

【問14】

伊東甲子太郎の「甲子太郎」は、新選組に入隊を決めたときからの名前ですが、それ以前は何と名乗っていたでしょうか。

① **専右衛門**

② **荒次郎**

③ **大蔵**

④ **多門**

【問15】

文久3年(1863)4月、土方歳三・沖田総司・井上源三郎の3人は、近藤勇の態度について滞京中の源三郎の兄・松五郎に相談するため宿舎を訪れました。このとき、近藤はどのような態度を示していたのか、松五郎の日記にはどのように書かれているでしょうか。

① **「無口」になった**

② **「傲慢」になった**

③ **「天狗」になった**

④ **「横柄」になった**

2級

【問16】

文久３年(1863)８月、芹沢鴨らは京都の生糸商の家を焼き討ちしました。その商家の屋号は何といったでしょうか。

① 武蔵屋
② 山城屋
③ 相模屋
④ 大和屋

【問17】

土方歳三戦死後の明治２年(1869)５月15日、新選組の最後の隊長となったのは誰でしょうか。

① 相馬主殿(主計)
② 永井尚志
③ 安富才助
④ 森常吉

【問18】

土方歳三が明治２年(1869)５月11日に戦死したことを記録した過去帳が、函館市の寺院に現存しています。その寺院はどこでしょうか。

① 称名寺
② 実行寺
③ 高龍寺
④ 願乗寺

2級

【問19】

文久３年（1863）10月、近藤勇は佐藤彦五郎に宛てた手紙で、土方歳三が所持している脇差の刀工について触れていますが、その刀工の名前は何でしょうか。

① **大和守秀国**

② **堀川国広**

③ **三善長道**

④ **鬼神丸国重**

【問20】

「今弁慶」と呼ばれた隊士がいました。誰のことでしょうか。

① **松原忠司**

② **武田観柳斎**

③ **島田魁**

④ **篠原泰之進**

日野宿の名主だった佐藤彦五郎は、天然理心流の剣術を通じて近藤勇と親交をもち、土方歳三は義弟だったので、新選組には物心ともに援助した。道場跡は失われたが、母屋は往時の姿をとどめている。

1級

【問1】

文久3年(1863)4月16日、会津藩本陣に召された壬生浪士組は松平容保に所望され、武術の試合を披露しました。このとき剣術の試合は4試合行われていますが、実現していない試合はどれでしょうか。

① 新見　錦 VS. 野口健司
② 永倉新八 VS. 斎藤　一
③ 山南敬助 VS. 沖田総司
④ 平山五郎 VS. 佐伯又三郎

【問2】

旧前川邸である現在の田野家には、新選組の遺品という、4つの2字熟語が墨書された雨戸が現存していますが、そこに書かれている熟語で正しいのはどれでしょうか。

① 勤勉　努力　行動　発展
② 勤勉　活力　活動　発展
③ 勤勉　努力　活動　発展
④ 勤勉　努力　活動　発達

【問3】

禁門の変を前にした元治元年7月5日、九条河原の新選組の陣に、下帯一本で笠をかぶった物売りの男が近づいてきました。不審を覚えた新選組は男を捕らえると、変装した長州藩の密偵だったのですが、男が用意していた売り物は何だったでしょうか。

① スイカ
② 風鈴
③ 金魚
④ キュウリ

1級

【問4】

近藤勇の戒名の1つに「心勝院大勇儀賢居士」というものがあります。どこの寺院から授けられたものでしょうか。

① **法蔵寺**

② **寿徳寺**

③ **龍源寺**

④ **天寧寺**

【問5】

明治元年（1868）11月、土方歳三は松前城の攻略に成功しますが、追撃に向かおうとしたときにある部隊の分裂騒動に巻き込まれてしまいました。その部隊とはどれでしょうか。

① **遊撃隊**

② **彰義隊**

③ **額兵隊**

④ **衝鋒隊**

【問6】

慶応3年（1867）11月12日、発病していた沖田総司は近藤勇の長兄・宮川音五郎（乙五郎）に手紙を書き、文中で見舞いの品として贈られた漬物の礼を述べています。何漬けを贈られたのでしょうか。

① **味噌漬け**

② **塩漬け**

③ **粕漬け**

④ **糠漬け**

1級

【問7】

慶応元年（1865）12月の坂本龍馬の手紙に、新選組を指す言葉が書かれています。どのような表現だったでしょうか。

① 壬生浪
② ミブ浪士
③ ミブ浪人
④ 壬生社中

【問8】

慶応3年（1867）6月、新選組は幕臣に取り立てられ、近藤勇は見廻組与頭格となり、土方歳三にも立場に応じた格式が与えられました。どのようなものだったでしょうか。

① 見廻組伍長
② 見廻組
③ 見廻組肝煎
④ 見廻組勤方

【問9】

慶応2年（1866）9月12日の三条制札事件に出動した原田左之助は、その功によって出動隊士のうちで最高金額の褒賞金を受けています。その金額はいくらだったでしょうか。

① 10両
② 20両
③ 30両
④ 40両

1級

【問10】

文久３年３月26日、近藤勇は『志大略相認書』の末尾で、佐藤彦五郎へ宛てて土方歳三にある物を送るよう依頼しています。それは何でしょうか。

① 鎖帷子
② 刀
③ 手槍
④ 鉢鉄

壬生寺（京都市中京区）にある近藤勇の胸像と、高幡不動（東京都八王子市）にある土方歳三の銅像。武蔵国多摩地方に生を得た二人の剣を通じた出会いがなければ、新選組は生まれなかったし、華々しい存在感を歴史に残すこともなかったに違いない。

第6回 新選組検定

●主催　新選組検定運営事務局
●運営　日本出版販売株式会社
●後援　日野市・日野市観光協会
●協力　新選組友の会
●特別協力　株式会社世界文化社
●問題監修　菊地 明
●開催日　２０２０年８月23日(日)
●試験会場　東京・大阪・福岡
※受験会場は受験票にてご案内いたします。

※新選組検定の運営業務は2020年4月1日以降、日販セグモ株式会社に承継されます。

● 実施級・受験料（税込）

【通常料金】

4級（隊士）　3900円

3級（組長）　5200円

2級（副長）　5900円

1級（局長）　7900円

【併願割引】

4級・3級併願　8100円

3級・2級併願　10100円

2級・1級併願　12800円

● 申込締切日

2020年7月7日（火曜日）

● 公式サイト

https://www.kentei-uketsuke.com/shinsen-gumi/

過去問の正解と解説

4級

【問1】 正解＝③ 石田散薬（いしださんやく）

【解説】 土方家に伝わる薬の効能書に「家秘相伝　石田散薬」とあります。

【問2】 正解＝④ 天然理心流

【解説】 元隊士の近藤芳助は明治40年ごろの書簡（『新撰組往時実戦談書』）に、近藤勇の流派を「天然理心流」と明記しています。

【問3】 正解＝② 清河八郎

【解説】 『新選組奮戦記』は「幕府は八郎の真意を看破することができず、（中略）『尽忠報国』の名を掲げて、広く義勇の士を募った」としていますが、この「八郎」が清河八郎です。

【問4】 正解＝③ 徳川家茂（いえもち）

【解説】 徳川家茂は安政5年（1858）から慶応2年（1866）まで在位していましたので、浪士組が上京した文久3年（1863）はこの間のこととなります。

【問5】 正解＝① 白河藩

【解説】 沖田総司は白河藩足軽小頭の沖田勝次郎の長男です。

【問6】 正解＝③ 近藤勇

【解説】 山南敬助は慶応元年に、野口健司と新見錦は文久3年の切腹が伝えられますが、近藤勇のみは慶応4年に板橋で斬首されました。

【問7】 正解＝① 被弾

【解説】 『立川主税戦争日記』に「敵丸腰間を貫き、遂に戦死したもう」と土方歳三の最期が記
されています。

【問8】 正解＝② 壬生村

【解説】 文久３年（1863）２月に着京した浪士組は壬生村に分宿し、壬生浪士組もそのまま分宿先を利用していました。

【問9】 正解＝① 参謀

【解説】『新撰組始末記』は「その役員の席順、総長近藤勇、副長土方歳三、参謀伊東甲子太郎とす」として、以下に1番から10番までの組頭を列記しています。

【問10】 正解＝③ 11日

【解説】 安富才助は「五月十一日箱館瓦解の時、街はずれ一本木関門にて（中略）討ち死にせられ……」と土方歳三の実家に報じています。

3級

【問1】 正解＝④ 旗本

【解説】『新徴組大砲組之留』に「身分御扱い方、向後、御目見以上」とあります。「御目見」とは旗本の身分を指しています。

【問2】 正解＝③ 龍源寺

【解説】 現在の東京都三鷹市大沢にある、近藤勇の生家である宮川家の菩提寺です。

【問3】 正解＝① 新宿区

【解説】 千駄ヶ谷といえば渋谷区ですが、沖田総司が死亡した植木屋平五郎の家の所在地は現在の新宿区大京町にあたります。

【問4】 正解＝① 松原忠司

【解説】 墓石に「松原忠司誠忠」と刻まれ、過去帳には「松原忠司藤原誠忠殿」とあります。

【問5】 正解＝② 新宿区

【解説】 幕末時の町名は甲良屋敷でしたが、明治２年 次ページへ続く

(1869)に牛込甲良町とされ、11年に試衛館（しえいかん）のあった一帯が現在の新宿区市谷柳町に編入されました。

【問6】 正解＝① 伊東甲子太郎

【解説】 西村兼文の『新撰組始末記』に「鈴木の実兄伊東甲子太郎」とあるように、伊東甲子太郎が三木三郎の実兄でした。

【問7】 正解＝① 右手に小旗

【解説】 総髪の袴姿に陣羽織を着て、左手は刀の柄を握り締め、右手に白い小旗を持っています。

【問8】 正解＝① 千葉県流山市

【解説】 新選組は慶応4年（1868）4月1日、五兵衛新田より流山に移転しましたが、そこは現在の千葉県流山市です。

【問9】 正解＝③ 猫

【解説】『新選組物語』の「隊士絶命記」は、病床の沖田総司の最期の言葉として「黒猫は来ているだろうなア」と介護の老婆に呟いたとしています。

【問10】 正解＝② 角屋

【解説】 永倉新八の『浪士文久報国記事』に「島原遊郭角屋徳右衛門坐敷を借り、新選組再（総）会いたし……」とあり、その晩に芹沢鴨は殺害されました。

【問11】 正解＝② 浪士組の入京日

【解説】 山南敬助が切腹した２年前の同じ日、浪士組が入京していました。

【問12】 正解＝① 藤田

【解説】 墓碑の正面に「藤田家之墓」と刻まれ、墓誌には藤田五郎・時尾夫妻の名前もあります。

【問13】　正解＝①　誠忠

【解説】慶応元年に書かれた『甲子戦争記』には「猩々緋の四半に誠忠の二字、下に山形の印を白ぶせになせし大指物」とあり、隊旗に「誠忠」の文字が描かれていたことを記録しています。

【問14】　正解＝③　本庄宿

【解説】小樽新聞に連載された『永倉新八』の小見出しに「本庄宿のおおかがり」とあり、2月10日のことでした。

【問15】　正解＝①　西本願寺

【解説】慶応元年３月の土方歳三の手紙に、「来たる十日頃には西本願寺講堂と申す所へ旅宿替わり相成り……」と移転予定を記していますが、10日に実現された模様です。

【問16】　正解＝①　新見錦 → 芹沢鴨 → 野口健司

【解説】新見錦は9月13日に、芹沢鴨は9月16日に、野口健司は12月27日に死亡しています。

【問17】　正解＝②　松本良順

【解説】松本良順の『蘭疇自伝』に、隊士たちの診察結果が「病は大概感冒にして骨節疼痛する者多く、食傷これに次ぎ、梅毒またこれに次ぐ。ただ難病は心臓病と肺結核との二人のみ」とされています。

【問18】　正解＝③　約167センチメートル

【解説】『両雄士伝補遺』は土方歳三の身長を「身丈五尺五寸」としています。１尺は約30.3センチメートル、１寸は約3.03センチメートルです。

【問19】　正解＝①　永倉新八

【解説】『新選組奮戦記』に、旧友の芳賀宜道と相談した結果、「これを靖共隊と名づけ、隊長は芳賀宜道、副長永倉新八、原田左之助……」とあります。

【問20】　正解＝③　文学師範

【解説】『新撰組始末記』は５人の「文学師範」の１人を「伊藤」としていますが、これは伊東甲子太郎のことです。

2級

【問１】　正解＝①　野村利三郎

【解説】『戦友姿絵』に「敵艦に乗り移り、四方に当たりて奮激突戦し、終に甲鉄艦中に花々しく討ち死にせり」とあります。

【問２】　正解＝③　枕

【解説】旧幕臣の子孫は『告白の告発』で、「そのとき土方は怒って祖父に対し枕を投げつけたという」と父親の遺談を記しています。

【問３】　正解＝②　先番宿割

【解説】2月14日に浪士組の取締役より道中宿割の池田徳太郎の配下に入るよう命じられました。

【問４】　正解＝④　山口五郎

【解説】山口次郎は新選組と会津戦争のとき、藤田五郎は明治時代、一瀬伝八は会津戦争での降伏時に名乗っていました。

【問５】　正解＝④　『新選組血風録』

【解説】『新選組血風録』の著者は司馬遼太郎です。

【問６】　正解＝③　井上源三郎

【解説】『行軍録』に永倉新八は記録されず、原田左之助は小荷駄雑具を率い、三木三郎は3番の組頭だった井上源三郎の配下でした。

【問７】　正解＝②　戒光寺

【解説】『新撰組始末記』は「明治元年三月、（中略）死骸を泉涌寺（せんにゅうじ）塔中（頭）戒光寺（かいこうじ）に改葬して石碑を建設す」としています。

【問8】 **正解＝② 富士山丸**
【解説】『島田魁日記』に「小舟に乗じて天保山沖、富士山艦乗り込む」とあります。

【問9】 **正解＝③ 金戒光明寺**
【解説】慶応元年（1865）9月に現在の京都府庁一帯に京都守護職屋敷が新築されるまで、会津藩の本陣とされていました。

【問10】 **正解＝③ 山南敬助**
【解説】『新選組遺聞』の八木為三郎の遺談に「紋どころは丸に立葵と記憶しています」とあります。

【問11】 **正解＝① 岩城升屋**
【解説】小島家の『異聞録』に山南敬助の折れた刀のイラストとともに、その場所が「岩木（城）升屋」であったことが記されています。

【問12】 **正解＝③ 島田魁**
【解説】西本願寺勤務中の明治31年（1898）12月の辞令に「夜警監督申し付く」とあります。

【問13】 **正解＝④ 島崎**
【解説】「島（嶋）崎」は近藤周助の旧姓で、島崎姓を名乗って勝太と改め、安政2年（1855）9月の『小島日記』に「島崎勝太」、同4年4月には「島崎勇」とあります。

【問14】 **正解＝③ 大蔵**
【解説】『新撰組始末記』は「伊東甲子太郎武明」に割注で「初め大蔵、のち摂津」と、名前の変遷を記しています。

【問15】 **正解＝③ 「天狗」になった**
【解説】正しくは「何分近藤天狗になり候て……」とあります。

【問16】 **正解＝④ 大和屋**
【解説】『八条隆祐卿手録』に「葭屋町一条下ル大家の糸

次ページへ続く

屋の由、大和屋庄兵衛」とあります。

【問17】　正解＝①　相馬主殿(主計)
【解説】『函館遺文』に「相馬義(儀)、新選組隊長相心得候よう、玄蕃(永井)より申し渡され候」とあります。この「相馬」が主殿(主計)です。

【問18】　正解＝②　実行寺
【解説】実行寺の過去帳に「五月十一日　有統院殿鉄心日現居士　土方歳三殿事」との記載があります。

【問19】　正解＝②　堀川国広
【解説】近藤勇の手紙には「土方氏も無事罷りあり候。ことに刀は和泉守兼定二尺八寸、脇差一尺九寸五分堀川国広」とあります。

【問20】　正解＝①　松原忠司
【解説】慶応元年(1865) 2月9日の『桜井慶次郎日記』は、松原忠司と面談したことを記し、松原を「今弁慶」としています。

1級

【問1】　正解＝①　新見錦 VS. 野口健司
【解説】『新風土記』の「近藤勇と小島韶斎」に、土方歳三VS.藤堂平助　永倉新八VS.斎藤一　平山五郎VS.佐伯又三郎　山南敬助VS.沖田総司という4組の剣術の対戦が行われたことが記されています。

【問2】　正解＝③　勤勉　努力　活動　発展
【解説】退色してしまいましたが、太く楷書で書かれています。

【問3】　正解＝①　スイカ
【解説】『風説書』に「東洞院通り新徴(選)組固めの場所を西瓜売り体にて笠をかぶり……」と、スイカ売りに変装した密偵がやってきたことが記されています。

【問4】 正解＝③ 龍源寺

【解説】「心勝院」は近藤勇の墓のある龍源寺による戒名ですが、ほかの戒名に「貫天院殿純忠誠義大居士」「貫天院殿純義誠忠大居士」「勇生院頭光放運居士」があります。

【問5】 正解＝② 彰義隊

【解説】彰義隊士による『感旧私史』は、松前出立にさいして「我が彰義隊分かれて二つとなる」としています。これが大彰義隊と小彰義隊です。

【問6】 正解＝① 味噌漬け

【解説】沖田総司は手紙の追伸部に「何よりの味噌漬け下され、ありがたく存じ奉り候」と記していますが、何の味噌漬けであったかは不明です。

【問7】 正解＝③ ミブ浪人

【解説】慶応元年12月14日付の手紙に「京よりミブ浪人同伴にて……」の一節があります。

【問8】 正解＝③ 見廻組肝煎

【解説】『新徴組大砲組之留』には、土方について「見廻組肝煎の御取扱」と記されています。

【問9】 正解＝② 20両

【解説】西村兼文の『新撰組始末記』のみが伝えている情報ですが、それによると原田左之助へは新井忠雄・伊藤浪之助・内海次郎とともに20両の褒賞金が与えられました。

【問10】 正解＝① 鎖帷子

【解説】『志大略相認書』には土方歳三へ「くさり着込み（鎖帷子）お差し出し下されたく」と記されています。

●編集
井澤豊一郎
●編集協力
がじん編集事務所＋伊藤雅人
●写真
梅木則明
(P8-9、15、17、19、30、34、37、43、45、55、83、89、95、103、105、107、118)
木内 博
(P7、56-57、60、81、97)
櫻井 寛
(P67、128)
菊地 明(P65)
結喜しはや(P25)
伊藤雅人(P138)
その他、ご協力をいただいた写真
(P59、61、73、76、79、92、107、118、145、149)
●デザイン
新井達久
●校正
株式会社円水社
●DTP
株式会社明昌堂

【著者紹介】
菊地 明（きくち・あきら）
昭和26年（1951）、東京都生まれ。日本大学芸術学部卒業。新選組を視点にした幕末維新史の研究を在野で続ける。新選組検定運営事務局主催の「新選組検定」（第１回～第５回）の監修を担当。新選組をテーマとした著書に、『新選組謎解き散歩』（新人物文庫）、『新選組謎とき88話』（ＰＨＰ研究所）、『新選組の新常識』（集英社新書）、『土方歳三日記（上・下）』（ちくま学芸文庫）。共編に『新選組日誌（上・下）』（新人物文庫）などがある。

●主な参考文献
『ビックマンスペシャル歴史クローズアップ 新選組』（1997年　世界文化社刊）
『新選組奮戦記』（永倉新八　注・菊地 明　2013年　ＰＨＰ研究所刊）
『新選組日誌（上・下）』（菊地明・伊東成郎・山村竜也編　2013年　新人物文庫刊）
『浪士文久報国記事』（永倉新八　2013年　新人物文庫刊）
『新選組史料大全』（菊地明・伊東成郎編著　2014年　KADOKAWA 刊）

●本書は2015年２月に刊行された『新選組検定公式ガイドブック』の内容をもとに、第４回と第５回の「新選組検定」で出題された過去問題を一部さしかえて再編集したものです。

【最新版】
新選組検定 公式ガイドブック

発行日　2020年４月10日　初版第１刷発行

発行者　秋山和輝
発　行　株式会社世界文化社
〒102-8187　東京都千代田区九段北4-2-29
電話03-3262-5118（編集部）03-3262-5115（販売部）
印　刷　凸版印刷株式会社
製　本　凸版印刷株式会社

ISBN978-4-418-20208-9